La culpa es de la vaca para mujeres

La culpa es de la vaca para mujeres

VERSIONES, SELECCIÓN Y PRÓLOGO

Marta Inés Bernal Trujillo
y Jaime Lopera Gutiérrez

intermedio

La culpa es de la vaca para mujeres

© 2009, Marta Inés Bernal Trujillo y. Jaime Lopera Gutiérrez
martainesb@gmail.com
jailop1@gmail.com

© 2009, Intermedio Editores

Dirección editorial
Alberto Ramírez Santos

Edición
Leonardo A. Archila R.

Diagramación
Rafael Rueda Ávila

Diseño de portada
Diego Martínez Celis

Intermedio Editores Ltda.
Calle 73 N° 7-60
gerencia@intermedioeditores.com.co
Bogotá, Colombia
Primera edición, julio de 2009

ISBN tapa dura: 978-958-709-937-9
ISBN tapa rústica: 978-958-709-938-6
Impresión y encuadernación
Stilo Impresores Ltda.
Calle 166 No. 20-60, Bogotá, Colombia

A B C D E F G H I J
Impreso en Colombia
Printed in Colombia

CONTENIDO

Prólogo

1

Cuando unas religiosas de clausura de un municipio antioqueño reescribieron unas historias de un libro nuestro, y por su cuenta las convirtieron en pequeñas piezas de teatro —en las que ellas mismas actuaban para reforzar así los mensajes que esas narraciones proveían—, confirmamos que estos trabajos de compilación valían la pena.

En tal virtud ratificamos nuestra intención de no apartarnos del tenor general que anima a nuestras obras, a saber, estimular en muchos escenarios el debate en torno a los valores de nuestra sociedad utilizando las fábulas y las parábolas como una manera de presentar la verdad. Ambos usos son, indiscutiblemente, caminos para llegar a más amplios públicos —como el de las monjas—, y escenarios como las escuelas, a las asociaciones comunitarias y muchos otros. Ha sido reconfortante para nosotros que así se haya entendido nuestro esfuerzo.

Dispuestos a seguir por esa vía, aceptamos entonces el encargo de los editores de hacer una compilación dedicada a las mujeres, y éste es el origen del presente libro: pensar en ellas en el contexto de la formación en valores. Esta tarea no fue nada fácil pues la vasta gama de libros y publicaciones sobre el alma femenina pasa por las que se ocupan de aquellos temas livianos y puramente estéticos, o de técnicas para ser atractivas y buenas amantes, hasta las más complejas interpretaciones sobre su conducta y sobre sus derechos y reivindicaciones en la historia. Como vimos imposible tratar todos los contenidos, hicimos un gran esfuerzo de selección que esperamos haya sido afortunado.

2

Antes de hacer la colección de historias del presente libro, prudentemente hicimos un repaso sobre muchas materias en torno a las mujeres. Nuestra biblioteca, las librerías e internet fueron revisados para encontrar el núcleo de la propuesta que pretendíamos desarrollar. Comenzamos por la filosofía y los pensadores de todos los tiempos, para concluir que hasta hace unos cuantos años el tema de la mujer no sólo era inexistente sino que se le desconocían sus talentos, capacidades y derechos[1]. Es probable que muchas de nuestras lectoras, especialmente las menores de cuarenta años, no hubieran vivido y posiblemente ni hayan sabido de la lucha que en favor de ellas adelantaron miles de activistas en todos los continentes; por lo mismo, hoy les debe parecer natural votar en las elecciones, ir a la universidad, ser elegidas en una corporación pública, disfrutar de un empleo en igualdad de condiciones que los hombres, pertenecer a las fuerzas militares, tener la patria potestad de los hijos, heredar, etcétera[2].

---

[1] http://www.portalmundos.com/mundofilosofia/femenino/patriarcado.htm.

[2] Recomendamos a las personas interesadas el libro *Historia de las mujeres, vol. 5, siglo XX,* de Georges Duby y Michelle Perrot, una compilación de ensayos de historiadoras que recorren todo el siglo pasado dando a conocer los desarrollos de estos movimientos a favor de las mujeres en todos los continentes. Ver bibliografía.

Una de las conquistas más importantes de la mujer fue su emancipación sexual, que empezó en la década de los años veinte, cuando Margaret Sanger promovió el diafragma como método de anticoncepción y el promedio de hijos por familia comenzó a bajar. Como resultado de esta revolución sexual, y de nuevos patrones sociales, apareció el matrimonio de prueba. En forma simultánea salieron al mercado algunos aparatos eléctricos (la nevera, la plancha eléctrica, la lavadora de ropas, etcétera) que aliviaron a las mujeres de sus tareas domésticas, permitiéndoles estudiar, preocuparse por la moda, realizar actividades deportivas y tener una vida social independiente, sin las ataduras del hombre, de los hijos y de la casa. Su afluencia a las aulas universitarias incrementó su llegada al trabajo y se empezaron a ver mujeres oficinistas como parte integral de las empresas. El estilo de vida norteamericano y todas estas influencias llegaron a Europa y America Latina por la vía del cine, y contagiaron al mundo con (discutibles o no) nuevos ideales femeninos.

Haciendo una retrospectiva puramente familiar, bástenos decir que la madre de Jaime, nacida en 1906, no tuvo derecho al voto sino hasta pasados sus 51 años. La madre de Marta Inés, cuando se casó a los veinte años, no tenía documento de identidad y sólo un año después —cuando llegó a la mayoría de edad para la época— lo obtuvo con su apellido de casada. El derecho al voto femenino en Colombia se conquistó mediante plebiscito en 1957, después de una dictadura militar, es decir, ¡hace apenas cincuenta años las mujeres pudieron elegir a sus gobernantes!

Sería, por lo tanto, interminable hacer el recuento de las luchas por los derechos políticos, la maternidad responsable, el trabajo igualitario, la protección de la seguridad social, las elecciones sexuales y todas las conquistas logradas, así como de las que faltan. Pero procuramos dejar en nuestros lectores la idea de que lo que hoy vemos y disfrutamos, es muy reciente en la historia de Occidente. Son procesos sociales nuevos, apenas en consolidación; son cambios en el pensamiento, en la sociedad y en la tecnología a los que nos estamos acomodando y que, de alguna manera, están todavía en construcción: por estas razones no es fácil tener respuestas concluyentes a muchos problemas que abordamos en este libro.

3

El tema femenino tiene también una interpretación masculina. Por ello decidimos que la selección de las narraciones era un trabajo de ambos autores y que la visión de Jaime enriquecería la perspectiva que Marta Inés tiene de cada tema, y viceversa. Por lo tanto, los diálogos que hacemos al final de cada título procuran desarrollar asuntos que tocamos en nuestros seminarios y que nos parecen pertinentes, además de las lecciones inherentes en cada narración. Lo más seguro es que nuestros lectores adviertan una gran confluencia de pareceres entre nosotros, resultado de veinte años de matrimonio y otros más de trabajar juntos.

Como fruto de la experiencia con nuestros otros libros, llegamos a la conclusión de que hay dos clases de moralejas: las implícitas, que se explican por sí mismas y que el lector las encuentra casi de manera natural; y las explícitas, que son acotaciones hechas bajo un marco de referencia determinado. A través de nuestros diálogos al final de cada historia pretendemos abundar en unas y otras, en especial a las que se les levanta ligeramente el velo para ayudar al aprovechamiento de la lectura.

Es conveniente decir que este libro no es exclusivamente para mujeres. Los hombres de todas las edades y condiciones, pueden encontrar en estos mensajes algunas luces reveladoras del alma femenina y, del mismo modo, servir para que vean las posibilidades de otras conductas en ellos mismos. También esperamos que adolescentes y jóvenes lo aprovechen para conocerse mejor y responsabilizarse por su vida. Ni qué decir de padres y maestros, quienes pueden utilizar estas narraciones para reflexionar con sus alumnos, o con sus hijas, acerca de temas que les sean de interés para formar en valores o mejorar sus relaciones.

4

Por lo tanto, si aspiramos a que los lectores transformen parte de sus comportamientos, debemos detenernos en el concepto del cambio en los adultos. En la persona adulta los cambios en el comportamiento se dan, primero, porque inicialmente tienen una información o un estímulo que les crea una especie de *momento de claridad,* es decir, una toma de consciencia[3]que los lleva a pensar que deben cambiar una conducta a fin de conseguir algún objetivo, tal como la armonía en su hogar o desarrollar sus competencias de liderazgo. Pero ese momento de claridad no es suficiente para dar comienzo al cambio personal. Una persona puede escuchar o leer una propuesta muy novedosa o interesante sobre cómo comportarse o cómo responder mejor a determinada situación, pero eso sólo no la hace cambiar.

La persona tiene que vivir enseguida el proceso de (2°) *desaprender*, es decir, dejar atrás

---

[3] Csikszentmihalyi es muy claro al respecto: "¿Qué significa ser consciente? Simplemente significa que ciertos *eventos conscientes* concretos (sensaciones, sentimientos, pensamientos, intenciones) están ocurriendo y que nosotros somos capaces de dirigir su curso. Al contrario, cuando estamos soñando, algunos de estos mismos eventos están presentes, pero no somos conscientes de ellos porque no podemos controlarlos". Mihaly Csikszentmihalyi, *Fluir (Flow)*, 2008, página 49 y ss. (subrayado en el original).

un preconcepto o un comportamiento; y luego (3°) *reaprender*, o sea, ensayar esa nueva conducta o nueva manera de pensar, para que ahora sí se pueda hablar de un cambio. De esta manera, el adulto tiene que repetir varias veces un comportamiento nuevo a fin de convertirlo en una destreza y después en un hábito. Es así como se logra (4°) el *cambio automotivado* de la conducta en las personas. En este punto creemos importante destacar el hecho de que lo único auténtico es un cambio de comportamiento por convicción, porque los cambios por razones de manipulación o de fuerza no funcionan, y son de muy corta duración.

5

Dar el paso hacia una nueva publicación con un tema tan sensible es para nosotros un reto muy significativo; sin embargo, la multitud de mensajes que hemos recibido, de muy diversas partes del continente y de nuestro país, nos estimula y nos obliga a dar sinceros agradecimientos a todos nuestros corresponsales. Precisamente una de ellas, Luisa Fernández Suárez Monsalve, nos hizo llegar dos narraciones que incluimos en este libro, con su permiso de utilización, y que se constituyen en un homenaje a esa construcción colectiva que significa la educación en valores. A ella, nuestros reconocimientos por su trabajo comunitario y por la superación de su discapacidad. Queremos estimular a nuestros lectores, los de antes y los nuevos, para que nos escriban, porque esa retroalimentación recibida es una ayuda importante para continuar o modificar el derrotero que iniciamos hace ya casi diez años[4].

La compilación de escritos que presentamos en este libro tiene sus fuentes en los correos electrónicos de muchos corresponsales, obviamente muchas mujeres amigas y colegas. A todos mil gracias. Hemos también consultado páginas de la red que contienen anécdotas, fábulas y parábolas y muchos libros de nuestra biblioteca. Cuando conocemos la fuente original la hemos citado; si no la conocemos, pedi-

---

[4] Pueden hacerlo a nuestra página www.jaimelopera.com, o a nuestros correos electrónicos: jailop1@gmail.com y martainesb@gmail.com, que están disponibles para sus comentarios y aportes.

mos excusas anticipadas a quien se sienta usurpado, pero no es nuestra voluntad hacerlo.

Hasta el momento sabemos que hemos llegado a los niños y a los jóvenes; al seno de las familias, a los colegios, a los salones universitarios, a grupos religiosos, a las guarniciones, a los hospitales; a las cárceles y aún hasta el monte, a grupos de soldados combatientes. Todas éstas son recompensas morales que nunca sabremos apreciar en forma conveniente; pero estos aprendizajes de nuestros lectores quisiéramos verlos reflejados en cambios reales en el desempeño de alguno de ellos, en una opinión más tolerante, o en una actitud más conciliatoria.

A todos ellos, a todos esos lectores, agradecimientos infinitos. A los amigos que compartieron los inicios de este proyecto y nos colaboraron con sus ideas. No podemos dejar de consignar aquí nuestro agradecimiento y reconocimiento a María Teresa Bernal T., quien fue nuestra lectora, crítica, consejera y correctora, pues con sus aportes nos ayudó a entregar un producto mejorado, en beneficio de la calidad y la concordancia en los mensajes; y a

Isabel Cristina Arias P., quien leyó el manuscrito por más de una vez con distintos miembros de su familia, aportándonos comentarios que enriquecieron nuestra perspectiva del libro para diferentes públicos. Agradecemos igualmente a nuestros editores Intermedio Editores, el grupo Planeta y Círculo de Lectores, por permitirnos llegar a muchos hogares en varios países.

Jaime & Marta Inés
20 de mayo de 2009

LA VERDAD Y LA PARÁBOLA[5]

Hace mucho tiempo andaba la Verdad por las calles y por los pueblos, tratando de hablar con la gente; pero la gente no la quería, la despreciaban por su apariencia simple y desgarbada. La Verdad andaba sin lujos, sin pretensiones, pura y evidente.

La Verdad lucía limpia y fresca, no usaba perfumes ni joyas, por lo que la gente no la consideraba y no la invitaban a las fiestas, ni mucho menos a las reuniones públicas. A veces los padres no dejaban que sus hijos se juntaran con ella. Las mujeres siempre la criticaban pero no le decían nada respecto a su apariencia. Los ricos la subestimaban como una mendiga.

Un día que la Verdad iba por la calle, muy triste por todo lo que le pasaba, se tropezó con

---

[5] Colaboración de Daniel Molina, del grupo Rotolatinos. Patagonia, Argentina. Adaptación de JLG.

alguien alegre y divertido, vestido con colores llamativos y a quien toda la gente saludaba. Era la Parábola. Ésta, cuando vio a la Verdad, le dijo:

—Verdad, ¿por qué estás triste?

—La gente me desprecia y me humilla —respondió ella—. Nadie quiere a la Verdad, ni siquiera me aceptan en sus casas.

—Claro, te entiendo. ¿Por qué no ensayas a vestirte como yo, con colores vivos y bien elegante y te peinas para que luzcas tu verdadera belleza? Quizás si notarán el cambio y puede que te acepten completa.

Entonces la Parábola le prestó uno de sus vestidos, la ayudó a arreglarse y desde ese día, como un milagro, la Verdad fue aceptada por la gente y cortejada por todos.

❖❖❖

MI:—Es muy sencilla la narración que escogiste para la introducción de este libro. ¿Cuál fue tu intención al hacerlo?

J:—Pienso que escribirle a las mujeres significa ponerles de presente muchas realidades y yo, como hombre, quisiera decirlas bien dichas, a través de alegorías que contengan el mensaje pero que les ayude a ellas mismas a descubrir en el fondo su verdad. Si, como dicen ahora, "a la mujer no se la toca ni con el pétalo de una rosa", estas narraciones nos dan la oportunidad de ofrecerles rosas sin pincharlas con espinas.

MI:—Eso está muy bien, pero ¿no te parece una coincidencia que las palabras Parábola y Verdad sean del género femenino?

J:—Sí, mucho. Sin embargo, insistamos en la moraleja de esta historia, a saber, que muy pocos aceptan la Verdad desnuda. Así somos los seres humanos: nos disgusta el choque de la franqueza, la preferimos velada, y más bien con un ropaje distinto. Con esta imagen en mente vamos a emprender el camino de las siguientes narraciones.

ELLA VALE NUEVE CANOAS

1

Dos marineros amigos, Jacques y Henri, trabajaban en un buque carguero por el mundo, y andaban todo el tiempo juntos. Cada vez que llegaban a un puerto, bajaban a tierra a beber y a conquistar chicas. Un día arribaron a una isla del Pacífico, en la Polinesia Francesa, desembarcaron y fueron al pueblo a divertirse.

En el camino se cruzaron con una muchacha que estaba lavando ropa en un pequeño arroyo. Jacques se detiene a conversar con ella. Le hace preguntas sobre la isla, sobre las costumbres de la gente, se interesa en saber más de ella como persona, lo que quiere hacer en la vida, lo que piensan sus padres de los forasteros y muchas otras curiosidades de ese tenor. La chica lo escucha con atención y va respondiendo con firmeza e inteligencia, y hasta con cierta timidez, las inquietudes de Jacques. La charla dura un largo rato.

Henri se queda al margen de la conversación, pero al notar que esa mujer no es nada del otro mundo, le dice a su amigo que no pierda el tiempo, que debe haber chicas más bellas en el pueblo. Sin embargo, el otro insiste en continuar el diálogo y así se va casi toda la tarde en esa entrevista. La mujer ha aceptado la charla de Jacques sin dejar de hacer sus tareas con la ropa hasta que, finalmente, le dice al marinero que las tradiciones del lugar le impiden hablar demasiado tiempo con un hombre, salvo que este manifieste la intención de casarse con ella. Dado el caso, entonces debe hablar primero con su padre, quien es el jefe o patriarca del pueblo.

Jacques acepta y le dice:

—Está bien. Llévame ante tu padre. Si es así, ¡quiero casarme contigo!

2

El amigo, cuando escucha esto, no lo puede creer y le dice a Jacques:

—¿Por qué te metes en problemas? Hay un montón de mujeres más lindas en el pueblo. ¿Para qué tomar una decisión tan precipitada?

— No es una broma, Henri. Me ha interesado mucho esta muchacha, es inteligente y fina; me quiero casar con ella. Espero ver a su padre para pedir su mano.

Y, sin escuchar a su amigo, Jacques siguió a la mujer al encuentro con el patriarca de la aldea. El marinero le expone ampliamente sus deseos, mientras el jefe de la tribu lo escucha con cuidado. Enseguida le manifiesta que en esa aldea la costumbre era pagar una dote por la mujer elegida para casarse. Le dice que tiene varias hijas, y que el valor de la dote varía según las cualidades de cada una de ellas: por las más hermosas y más jóvenes se debían pagar nueve canoas, y como él tenía otras hijas no tan hermosas y jóvenes, pero excelentes cuidando los niños y cocinando, esas valían siete canoas; y así iba disminuyendo el valor de la dote de acuerdo con los atributos de cada una.

El marino le explica que había elegido a la chica que vio lavando ropa en un arroyo, y el jefe le dice que esa hija, por no ser de las más agraciadas, le valdría sólo tres canoas.

—Está bien —respondió Jacques—, me quedo con la mujer que elegí y pago por ella nueve canoas.

26

El padre de la mujer, al escucharlo, le dijo:

—Usted no entiende. La mujer que eligió cuesta tres canoas, mis otras hijas, más jóvenes y bellas, cuestan nueve canoas.

—Entiendo muy bien —respondió nuevamente Jacques—. Me quedo con la chica que elegí, pero pago por ella las nueve canoas.

Ante la insistencia del hombre, el padre, pensando que siempre aparece un chiflado, aceptó y de inmediato comenzaron los preparativos para la boda lo antes posible. Henri no lo podía creer y pensó que Jacques había enloquecido de repente, que se había enfermado de algo, o que se había contagiado de un raro delirio tropical. Pero finalmente, el hombre se casó con la mujer nativa, su amigo fue testigo de la boda y a la mañana siguiente Henri partió en el barco, dejando en esa isla a su compañero de toda la vida.

3

El tiempo pasó y Henri siempre se preguntaba por la suerte de su amigo en aquella isla lejana. Hasta que un día, años después, el itinerario de un viaje lo llevó al mismo puerto donde se había despedido de él. Ansioso por saber qué le había sucedido, saltó al muelle y comenzó a caminar hacia el pueblo.

En el camino se cruzó con un grupo de gente que venía marchando por la playa, llevando en alto y sentada en una silla a una mujer bellísima y muy bien ataviada. Todos entonaban canciones, obsequiaban flores a la mujer y ésta los retribuía con pétalos y guirnaldas. Henri creyó que estaban en fiestas, pasó de largo y prosiguió en busca de su amigo.

Cuando se encontró con Jacques se abrazaron como lo hacen dos buenos amigos que no se ven durante mucho tiempo. El marinero no paraba de preguntar: ¿Y cómo estás? ¿Te acostumbraste a vivir aquí? ¿Te gusta esta vida? ¿No quieres volver? Finalmente, se atrevió a preguntarle:

—¿Y cómo está tu esposa?

Al escucharlo, su amigo Jacques le respondió:

—Muy bien, espléndida. Es más, creo que la viste llevada en andas por un grupo de gente en la playa que festeja su cumpleaños.

Henri, al recordar a la mujer poco agraciada que años atrás habían encontrado, le preguntó si se había separado y tenía una nueva esposa más bella.

—No. Es la misma muchacha que encontramos lavando ropa años atrás.

—¡Pero cómo! La que vi en la playa es muchísimo más hermosa, femenina y agradable, ¿cómo puede ser? —preguntó el marinero.

—Muy sencillo —respondió Jacques—: me pidieron de dote tres canoas por ella, y ella misma creía que valía sólo tres canoas. Pero yo pagué por ella más canoas, la traté y la consideré siempre como una mujer de nueve canoas. La amé y la amo como a alguien de esa valía y ella se ha transformado en una mujer de nueve canoas.

◆◆◆

J:—Esta narración toca un tema central para las mujeres: la autoestima. Cuando les contábamos a nuestras amigas acerca de este libro, casi todas nos decían "ojala hablen de la autoestima". Pero, ¿por qué es tan importante la autoestima en el tema femenino?

MI:—Porque la autoestima es el centro de la seguridad en todas las personas. El punto principal radica en la *fuente* de la autoestima: es decir, si mi valor intrínseco como mujer se queda en la opinión de los demás, yo dependo de ellos y es posible que no me valoren. En cambio, si la fuente de mi autoestima es el conocimiento de *mí* misma, si es el resultado de la reflexión sobre mis cualidades y fortalezas, si es mi autovaloración como persona y como ser humano, yo no dependo de los demás.

J:—No obstante, tanto la autovaloración como las otras opiniones son importantes. Solo que debemos insistir en ese examen de las mujeres sobre su yo interior, sin hacer comparaciones con las demás, para que se piensen como únicas e irrepetibles.

MI:—En este ejemplo de los marineros, mira lo que ocurre al mirar a los demás con otros ojos: cuando alguien nos valora y nos estimula, con sinceridad y amor, como en esta historia, puedes estar seguro de que en algún momento se operan cambios inesperados.

J:—Podemos observar que con un simple cambio de conducta, y de actitudes ante la vida, todo mi contorno se transforma y las cosas se empiezan a ver de manera diferente. Adelante hay otras narraciones que confirman esta importante aseveración sobre cómo los hombres transforman su ambiente con su mente. Es prodigioso.

MI:—Creo que esa es la gran enseñanza de esta historia: si pongo suficiente empeño en que otra persona cambie, y lo hago con afecto y respeto, poco a poco ella va sufriendo una metamorfosis en la dirección en la cual me parece desearlo. Recuerda la leyenda del escultor chipriota Pigmalión, quien se enamoró de una estatua que esculpía, y fue tanto el amor por su obra que, gracias a Afrodita, el mármol cobró vida y se convirtió en Galatea, su compañera. De esta hermosa leyenda antigua viene el "efecto Pigmalión", muy comentado en los seminarios gerenciales.

J:—Pero mejor recuerda esta bella frase: en la adaptación fílmica de la novela de George Bernard Shaw, *My Fair Lady*[6], ganadora de doce premios Oscar en 1964, la protagonista, Eliza Doolittle,

---

[6] En la novela y en la película, el profesor Higgins apuesta con un amigo poder convertir a una sencilla chica florista del mercado de Londres en una dama de la alta sociedad. Mediante el entrenamiento en modales, lenguaje y estilo, ella en efecto llega a participar en fiestas en los salones de la realeza. Higgins puso tanto empeño y creyó tanto en Eliza, que la convirtió en una dama. De allí la frase que ella pronuncia al final de la cinta.

dice al final de una de las escenas: "La diferencia entre una dama y una chica florista no está en cómo se comporta, sino en cómo se le trata". Aquí está el resumen de las nueve canoas.

El hijo más amado

A Blanca

Cierta vez le preguntaron a una madre cuál era su hijo preferido, aquel que más amaba. Y ella, dejando entrever una sonrisa, respondió:

—Nada es más voluble que el corazón de una madre. Pero, como madre, le respondo: el hijo preferido es aquel a quien me dedico en cuerpo y alma... Es mi hijo enfermo, hasta que sane... El que partió, hasta que vuelva... El que está cansado, hasta que descanse... El que está con hambre, hasta que se alimente... El que tiene sed, hasta que beba... El que está estudiando, hasta que aprenda... El que está desnudo, hasta que se vista... El que no trabaja, hasta que se emplee... El que se enamora, hasta que se case... El que se casa, hasta que conviva... El que prometió, hasta que cumpla... El que debe, hasta que pague... El que llora, hasta que calle —y ya, con el semblante bien distante de aquella sonrisa, completó:

—Y el que ya me dejó... hasta que vuelva.

❖❖❖

J:—¿Será necesario añadir algo más al diverso cuadro de afectos que representa el papel de madre en todos los casos?

MI:—Me parece crucial hacer una pequeña reflexión sobre la maternidad: ¿Están las mujeres preparadas para ser madres? ¿Son conscientes de las responsabilidades, los sacrificios y los dolores de ese rol? ¿Cuántas madres adolescentes tienen los recursos emocionales para enfrentar con valentía esas serias exigencias?

J:—Nuevamente aparece un tema que quisiéramos reiterar en estas páginas: el proyecto de vida. ¿Cuántos hijos llegaron a este mundo no deseados, rechazados y aun violentados por intentos de aborto? Es muy probable que esos hijos no estuvieran en el proyecto de vida de su madre o de sus padres. Podremos presumir que parte de la violencia intrafamiliar tiene que ver con este desbalance entre lo no deseado y la realidad de ese niño que llegó.

MI:—Creo que nos asomamos a un tema tremendamente sensible pues la violencia intrafamiliar, la violencia de género y el abuso de menores, con casos que llegan hasta el asesinato, se están volviendo unos asuntos tan graves y dolorosos que deberían convocar marchas alrededor del mundo, pues es una gran epidemia social y una vergüenza que amerita tribunales más especializados.

LO MISMO ENCONTRARÁS AQUÍ

Había una vez una anciana que pasaba días enteros en la entrada de su aldea, sentada junto a un pozo de agua, mirando la llegada de los forasteros.

Un día una joven que venía por el camino se le acercó y le preguntó:

—Yo nunca había estado en un lugar así. ¿Cómo son los hombres de este pueblo?

La anciana levantó los ojos, la miró de frente y replicó:

—¿Cómo eran los hombres del pueblo de donde venías?

—Ah, ególatras, machistas, descuidados. Por eso me siento contenta de haber salido de allá.

—Así son los habitantes de este pueblo —respondió la anciana sin inmutarse.

Un poco mas tarde, otra joven se acercó a la anciana y le hizo la misma pregunta:

—¿Cómo son los hombres de este pueblo?

—¿Cómo son los hombres del pueblo en que vivías? —preguntó la anciana.

— Pues todos son buenos, honestos, trabajadores. Tenía tantos amigos allí que me ha dolido separarme de ellos.

—Así son los hombres de aquí —dijo la anciana de inmediato.

La primera joven, que había permanecido cerca, escuchó la conversación, se acercó a la anciana y le preguntó:

—¿Cómo puedes dar dos respuestas tan diferentes a la misma pregunta?

La anciana, con una sonrisa en sus labios, le contestó:

—Cada uno lleva un universo en su corazón. Quien no ha vivido nada bueno en su pasado, tampoco lo vivirá aquí. En cambio, aquella persona que tiene amigos en su ciudad, aquí también encontrará amigos felices y leales. Porque las personas son lo que hallan en sí mismas: uno siempre encuentra lo que quiere encontrar.

❖❖❖

MI:—¿Te has dado cuenta que muchas veces algunas mujeres se quejan de que "todos los hombres que se me acercan son iguales"?

J:—¿No será que dicha manera de pensar hace que las personas atraigan hacia sí mismas un tipo de personas determinado? No se puede adjudicar todo a la ley de la atracción, pero cada día comprobamos que la diferencia está en la actitud.

MI:—Me parece muy pertinente aludir a la actitud, pues lo que le pasa a las personas raramente es cuestión de buena o de mala suerte. Lo que sucede más bien tiene ver con su predisposición o actitud ante las personas y las cosas. Gente positiva generalmente atrae y es rodeada por gente positiva y alegre. Gente negativa con frecuencia atrae o se relaciona con gente tóxica y dañina. Esos son dos circuitos que se retroalimentan a sí mismos.

J:—Y como hablas de suerte, me gustaría compartir aquí ese cartel que teníamos en la biblioteca: "¿Qué es la suerte?: salir a buscar, aprovechar el momento y valor para actuar"[7]. Pensar así proporciona un nuevo enfoque a la manera de hacer las cosas.

---

[7] Autor anónimo.

L OS NARCISOS

Carolina, mi hija, quien vive en otro estado de los Estados Unidos distinto al mío, me había llamado varias veces para decirme:

—Mamá, algún día tienes que venir en primavera para ver los narcisos antes de que se acaben.

Yo quería ir, pero era muy lejos de Miami, donde vivo.

—Iré muy pronto —le prometí con cierta renuencia cuando llamó por tercera vez.

Un martes frío y lluvioso finalmente entré a la casa de Carolina, donde los gritos de mis nietos me dieron la bienvenida. Enseguida le dije a mi hija que se olvidara de los narcisos, que con mis nietos me bastaba para pasar un fin de semana muy feliz.

Ella sonrió calmadamente y dijo:

—Pero primero vamos a ver los narcisos. Es muy cerca, mamá, nunca te perdonarías haberte perdido esta experiencia.

Después de unos quince minutos de conducir, doblamos por un angosto camino de grava y nos detuvimos cerca de una iglesia. Al otro lado de esta, vi un letrero hecho a mano, con una flecha, que decía: "Jardín de los Narcisos". Salimos del auto, cada una tomó a un niño de la mano, y yo seguí a Carolina por el sendero. Al doblar una curva, quedé boquiabierta: delante de mí estaba la vista más gloriosa de un campo de flores.

Parecía una enorme tina de oro derramada desde la cumbre de una colina y sus laderas. Las flores estaban sembradas en diseños de grandes franjas de varios colores: anaranjado intenso, blanco cremoso, amarillo verdoso, salmón rosa, azafranado y amarillo mantequilla. Cada variedad de diferente color estaba plantada en grandes grupos, de tal manera que ondulaban como un solo río, con su propio y único color. Había unas dos hectáreas y media de flores.

—¿Quién hizo esto? —le pregunté a Carolina.

—Una mujer nada más. Vive en este terreno y aquella es su casa.

Caminamos un poco y en el patio nos entrevistamos con Dinah. De inmediato nos puso al corriente:

—Sé que se estarán haciendo varias preguntas. La primera de ellas es que en ese terreno que acaban de ver hay sembrados más o menos 50.000 mil bulbos que, desde 1958, yo misma, con mis manos, he cultivado uno por uno hasta que tuve la satisfacción de verlos florecer en una primavera. Y después de eso, en muchas primaveras más.

Miré a Carolina, quien me sonreía con gracia. Y luego pensé en esta mujer quien, por más de cuarenta años, había empezado a traer un bulbo cada vez a esta campiña. Plantándolos periódicamente, año tras año, había cambiado para siempre el paisaje y el espacio en que se movía. Y nos había dado a todos los extraños que hemos estado allí, bajo el cielo plomizo, el deleite de ver la más asombrosa muestra de colores que yo había conocido en mi vida.

El Jardín de los Narcisos me enseñó que uno de los grandes principios de la vida consiste en aprender a movernos hacia nuestras metas y deseos avanzando un paso cada vez.

Cuando multiplicamos los pequeñísimos espacios de tiempo con pequeños incrementos de esfuerzo diario, encontraremos que podemos realizar cosas magníficas. Podemos cambiar nuestro entorno y, de paso, dar satisfacciones a los demás...

—De cierto modo esto me pone triste —le dije a Carolina—. ¿Qué habría logrado yo si hubiese pensado en una meta maravillosa hace unos treinta y cinco o cuarenta años, y hubiese trabajado esa meta "un bulbo cada vez" a través de todos esos años? ¡Nada más piensa en lo que yo hubiera realizado!

Mi hija resumió el mensaje del día con su manera directa y sencilla:

—Empieza mañana —me dijo.

❖❖❖

J:—Este relato tiene mucho significado respecto a las oportunidades que perdemos por la falta de perseverancia. Nos pone a pensar de nuevo en el proyecto de vida.

MI:—Efectivamente. En nuestros seminarios como consultores independientes, o vinculados a las áreas de gestión humana de las empresas, solemos hacer un ejercicio de autoconocimiento que se llama "Quién soy yo". En este ejercicio la persona debe esbozar cuáles son sus metas, y casi siempre observamos que la mayoría de las mujeres las sitúan dentro de sus roles familiares: ser madre, casarse, educar a los hijos. En pocas ocasiones se proyectan como profesionales o como personas en desarrollo.

J:—¿No será que estos roles familiares son parte de la esencia femenina y las mujeres se proyectan en ellos casi de manera natural?

MI:—No me queda la menor duda que los roles naturales de madre, esposa, educadora, reflejan mucho el alma femenina, pero abarcan una paradoja: para su realización como mujeres, ellas dependen de otras personas. No todas se casarán o encontrarán una pareja, muchas no serán madres y ni siquiera formarán una familia, y no por ello serán menos valiosas. En las mencionadas reuniones, nosotros las invitamos a pensar en un proyecto de vida que debe partir de su ser interior, como persona única y diferente; estimamos que un proyecto de vida suministra claves para emprender el camino del desarrollo y crecimiento de mi ser personal, con cualidades y limitaciones pero con una enorme decisión de realizarme como ser humano y ser feliz hasta el último día.

J:—En el caso de la señora Dinah, se ve claro ese desarrollo: ella siembra cada bulbo de narciso y, a pesar de que sabe que depende del clima para realizar su proyecto, persevera uno por uno hasta conseguir su objetivo. No es extraño que esa falta de un proyecto personal de vida sea en muchas personas el factor determinante para muchos errores vitales.

MI:—Obviamente. Una vieja amiga mía decía: "Uno no se casa mal, se ennovia mal". Esa frase tan sencilla refleja lo que estamos comentando: si uno no sabe para dónde va, no sabe qué tipo de pareja quiere para realizar ese proyecto de vida y, por lo tanto, cualquiera que escoja se convierte en una lotería, un azar, no en una certeza.

J:—Desde el punto de vista educativo, si uno desconoce su vocación e ignora sus propias habilidades y objetivos, no tendrá claro qué estudiar o qué hacer para ser una persona útil y productiva. Muchas personas se forman en profesiones u oficios casi por casualidad, y por ello su insatisfacción y su sensación de *incompletez* —como la llamamos—, las acompañarán toda la vida.

MI:—Efectivamente, cuando uno carece un proyecto de vida es como estar en una central de autobuses: si no sabe para dónde va, cualquier autobús que aborde será el equivocado.

LA GERENCIA FEMENINA

Eunice Hoyos, nueva gerente general de una compañía fabricante de productos de belleza, decidió compartir con su amiga Paula, consultora de personal en un canal de televisión, sus preocupaciones de trabajo. El cruce de mensajes electrónicos, suministrados por ella, es en resumen el siguiente:

—Como sabes, esta es mi primera experiencia en estos niveles de gerencia. Tengo a mi cargo tres subgerentes muy distintos, uno muy antiguo y los demás con una experiencia promedio de tres años en esta empresa. Es la primera vez que ellos son dirigidos por una mujer y he observado distintas formas de aceptar mi presencia allí, aunque ninguna reacción abierta u hostil. Sólo que me parece que no hacen nada de lo que les digo, y más bien los descubro inventando excusas y dando explicaciones que no vienen al caso. Después de tres meses, en el fondo siento que hay una rebeldía invisible contra mis decisiones y ya me empiezo a sentir preocupada por ello.

—No me parece nada raro lo que me cuentas —respondió Paula—. Antes al contrario, creí que el alboroto iba a ser mayor: tú eres un poco intensa y fuerte, y los hombres no suelen aceptar a las mujeres mandonas. Y reaccionan de inmediato, abierta o solapadamente, como si estuviéramos suplantando ese papel que a ellos les gusta. Tienes que ir con calma.

—Sí, pero la junta directiva ya me está exigiendo resultados inmediatos. El balance de este mes no he podido cuadrarlo bien y estos señores no miran sino por esa ventana. ¿Cómo puedo transmitir esta preocupación a mis empleados sin que la presión hacia ellos los vuelva más ariscos?

—Creo que tienes que equilibrar bien tu forma de ser, tratando de no imitar a los hombres. La mayoría de ellos son competitivos y guerreros, protegen sus territorios y cualquier invasión en sus funciones es percibida casi como un ataque personal. La administración ha cambiado mucho en estos años, pero en nuestros países hay rasgos de esa forma de ser de los ejecutivos heredada de sus etapas machistas. Como de ellos se espera que sean combativos y racionales, las mujeres no podemos actuar en la misma forma. Las armas femeninas son diferentes, como la capacidad de expresar sentimientos. Alguien decía que la masculinidad está orientada a la solución de problemas, en tanto que la feminidad es emotiva, porque incluye la preocupación por el bienestar de los demás y la unión de los grupos. Piensa en eso.

—¿Sugieres que debo mostrarme débil para estimular en ellos su necesidad de protección y apoyo?

—No, no se trata de eso. Simplemente consiste en establecer una comunicación con ellos en la cual se note tu competencia profesional, pero al mismo tiempo unas palabras suaves para bajar el tono de la disciplina y la autoridad. Tampoco se trata de seducción, eso es otra cosa, sino de relaciones entre adultos en torno a propósitos y metas. Poner la meta en el centro de la discusión de un grupo, o de dos adultos, puede disminuir el estrés y transformarlo en trabajo positivo sobre los hechos y no sobre sentimientos.

—Hablando de seducción, algo me pasó el otro día. Salí con el socio principal de la empresa para visitar a unos clientes en otra ciudad, y desde el principio empezó a coquetear conmigo. Me elogió el vestido que llevaba, me llenó de detalles, se ocupó con cuidado de mi equipaje, me hablaba de cómo le gustaban las rubias y al final me sugirió que, después del trabajo, había la posibilidad de ir a divertirnos afuera un poco. Era la primera vez que me sucedía algo así. Por la noche, antes de la cena, simulé una fuerte jaqueca y me retiré a mi habitación del hotel tan pronto como pude. Estaba aterrada de que pudiera hacer ese tipo de camaradería con uno de mis jefes. No sabía cómo manejarlo.

—No me extraña nada lo que me cuentas, Eunice. En primer lugar, porque eres una mujer separada y además hermosa. En segundo lugar, creo que en toda oficina donde trabajan juntos hombres y mujeres, el contacto visual suele ser algo frecuente y se produce en forma natural. Nosotras, porque algunos hombres nos parecen apetecibles, y ellos porque no ven el momento de ejercer su derecho de seducción sobre nosotras sin importar las consecuencias que ello tenga en el trabajo. Pero, si no hay una clara delimitación de espacios, los compromisos sexuales deterioran una relación de trabajo, por más perfecta que sea. Salvo las incompetentes, que por necesidad muchas veces se dejan cautivar por los que tienen el poder; pero en muchas sumisas también hay la idea de mantener el empleo aunque se tenga que pagar el precio de la promiscuidad. Cada día eso ocurre menos, pues la selección por capacidades (meritocracia real) y el requerimiento por los resultados eficientes, esclarecen y limitan esas ambigüedades sexuales en el trabajo.

❖❖❖

MI:—Este diálogo es más largo y más personal en muchos apartes del mismo, pero hemos extractado párrafos que nos sugieren algunas situaciones sobre las mujeres en el trabajo. Por ejemplo, la legislación laboral ha adelantado mucho, en especial cuando se trata de las leyes sobre acoso laboral. Creo que cada día son menores las posibilidades de que ello ocurra, en tanto que los jefes entiendan que tienen esa amenaza legal encima, y que las mujeres sepan que ya pueden defender sus derechos con toda propiedad ante los estrados judiciales.

J:—En la primera parte de este cruce de mensajes entre Eunice y Paula, hay una sugerencia importante que, desde hace años, se ha llamado "la gerencia andrógina"[8], la cual consiste en examinar la manera como se pueden combinar los estilos gerenciales masculinos y femeninos, en las organizaciones modernas. Por ejemplo, la autora de esta teoría sostiene que hay dos clases de comportamientos: el instrumental, definido como aquel que se dirige hacia la tramitación de los problemas; y el expresivo, que son conductas interpersonales y subjetivas. Los hombres de desempeñan muy bien en los primeros, mientras

---

[8] Sargent, Alice, *La gerencia andrógina*, 1985. Este es un concepto mas bien desconocido, pero de gran interés cuando se trata de debatir el rol de las mujeres en la gerencia y el manejo de colaboradores hombres. Sin embargo, el concepto también aplica a los gerentes hombres a fin de rescatar en ellos cualidades y actitudes atribuidas a las mujeres, como la empatía y la intuición.

que las mujeres que trabajan lo hacen perfectamente en el segundo.

MI:—A veces los hombres no entienden que somos más explícitas con nuestros sentimientos y que reaccionamos con más facilidad que ellos. Por el contrario, se consideran racionales y asumen la pose de fríos para no mostrar debilidades que afectarían su autoestima. Lo que actualmente se propone es que los ejecutivos acepten que las relaciones interpersonales son tan importantes en el trabajo como el fiel cumplimiento de los deberes; y que las mujeres entendamos también que a menudo es preciso hacer una pausa en nuestras pasiones para poder manejar el espacio del trabajo con razones y sin llantos ni quejas.

J:—Yo pensaría que este concepto se parece mucho al concepto de inteligencia emocional, que nos ha hecho reflexionar acerca de lo importante que es no sólo ser brillante a nivel intelectual sino destacarnos y aprender formas adecuadas para manejar los sentimientos y expresarlos, así como resolver los conflictos interpersonales de una manera constructiva y no destructiva.

MI:—Quisiera terminar diciendo que, en efecto, para mí una de las desviaciones más dañinas del comportamiento de muchas brillantes mujeres en la gerencia es querer parecerse a los hombres y competir con ellos en sus mismos terrenos. Eso las hace duras, competitivas y poco femeninas. Las he visto en actuaciones dentro de las empresas aún más déspotas e implacables que las de muchos hombres. La femineidad y el ejercicio del mando no deben ser incompatibles. Por ello me parece tan interesante esa combinación instrumental y expresiva de que hablas en este aparte.

Hasta mañana

La mamá y el papá estaban mirando la televisión, cuando ella dijo:

—Estoy cansada; es tarde y me voy a la cama.

Primero fue a la cocina a preparar los emparedados para el día siguiente. Sacó la carne del congelador para la cena del otro día; verificó si quedaban suficientes cereales, llenó la azucarera, puso las cucharitas y los platos del desayuno en la mesa y dejó lista la cafetera. Enseguida puso la ropa húmeda en la secadora, la ropa sucia en la lavadora, planchó una camisa y cosió un botón; recogió los juguetes, puso a cargar el teléfono y guardó la guía telefónica. Regó las plantas, ató la bolsa de basu| ra y tendió una toalla. Bostezó, se desperezó y se fue al dormitorio. Se detuvo un momento para escribir una nota a la maestra, contó el dinero para la excursión de uno de sus hijos y recogió un libro que estaba debajo de la silla. Firmó una tarjeta de felicitación para un amigo y puso la dirección en el sobre, escribió una nota para el mensajero y colocó todo junto a su bolso. A continuación, la mujer se lavó la cara con las toallitas, se puso crema antiarrugas, se lavó los dientes y las manos. Desde el cuarto, el papá gritó:

—Pensaba que te estabas yendo a la cama.

—¡Ya voy! —dijo ella.

Puso un poco de agua en el bebedero del perro y sacó el gato al balcón, regó las plantas de la sala, cerró la puerta con llave y apagó la luz de la entrada. Dio una ojeada a los niños, les apagó las luces y la televisión y por un momento rezó por ellos, recogió una camiseta, tiró los calcetines a la cesta de ropa y habló con el mayor que estaba todavía haciendo los deberes. Al llegar a su habitación puso el despertador, preparó la ropa para el día siguiente, y ordenó minuciosamente el zapatero. Luego añadió cuatro puntos más a la lista de las cosas urgentes.

En ese momento, el papá apagó la televisión y anunció:

—Me voy a la cama.

Luego, apagó la luz y se durmió profundamente.

❖❖❖

MI:—Esta historia, como muchas otras, se explica por sí misma. Es sorprendente notar que muchos hombres no ven las cosas que suceden en sus propias narices, y a veces juzgan las tareas de las mujeres solamente por la baja atención que ellas ponen a sus caprichos masculinos. Creo que es la suma de pequeñas responsabilidades lo que nos cansa tanto. Conozco muchas mujeres, con las que he trabajado, de todos los niveles sociales, que además de lo que hacen en sus empleos se levantan antes del alba a preparar el almuerzo para que los niños lleguen del colegio y encuentren su comida lista, pues ella labora todo el día.

J:—No creo que seas justa con esa opinión. Muchos hombres vemos esa realidad del llamado *tercer turno*: primero el de madre y ama de casa, segundo el de trabajadora y el tercer turno, ¡el de esposa dedicada, dispuesta y sexy! No obstante, cuando los varones deseamos cooperar, vemos reacciones diferentes: por ejemplo, si la mujer es perfeccionista, es casi imposible que delegue en el hombre algunas tareas que ella ejecuta muy bien; o es probable que se deje ayudar a condición de que las cosas se hagan exactamente a su manera.

MI:—Con un machista graduado, eso no se puede. Según ellos, la mujer *debe* asumir *sus* tareas. Los machistas consideran que no tienen oficios ni deberes domésticos: que para eso trabajan y traen dinero... lo demás es problema de la mujer.

J:—No obstante, he visto casos de familias donde todos ejecutan diferentes trabajos para mantener el orden y el aseo de una casa. Desde muy chicos a los niños se les exigen pequeños deberes que van aumentando con su edad, a fin de que se responsabilicen de sus cosas y colaboren con los oficios generales de su casa. En matrimonios sin hijos, los deberes se pueden dividir por igual, y, como dije antes, excepto en un caso: cuando ella lo juzga tan incompetente que cualquier cosa que él haga habrá de hacerla dos veces... y el tiempo que se pierde es muy infructuoso.

MI:—Quiero agregar una cosa muy sencilla con respecto a lo que podríamos llamar "palabras mágicas en la vida". Dentro de las familias, consisten en pedir algo con un *por favor*, y cuando recibamos la ayuda solicitada, siempre decir *gra-*

cias. Estas expresiones tan simples están cargadas de empatía y hacen milagros en las relaciones familiares.

J:—Se habla mucho de derechos pero poco de deberes y ello genera una gran distorsión en las relaciones humanas, desde el hogar hasta la comunidad internacional. Hablando al respecto, he aquí una definición de ellos: "*Deberes*: son tareas que cada uno está comprometido a cumplir. Son obligaciones que debemos desarrollar no sólo por nuestro bien sino por el bien de todos. Estas tareas o compromisos hay que cumplirlos con gusto, con alegría y nadie los puede cumplir por uno. *Derechos*: son los privilegios o ventajas que hemos conseguido o que otros han conseguido para nosotros"[9].

---

[9] Lucy Betancourt de Palacio, de Armenia, Colombia, es una consagrada conferencista y pedagoga que ha estado construyendo una propuesta en tal sentido.

EL CONJURO DE LOS SIOUX[10]

Cuenta una leyenda de los indios Sioux que una vez fueron hasta la tienda del viejo brujo de la tribu, Toro Bravo, el más valiente y honorable de los jóvenes guerreros, en compañía de Nube Azul, la hija del cacique y una de las más hermosas mujeres de la tribu.

—Nos amamos —empezó el joven.

—Y nos vamos a casar —dijo ella.

—Y nos queremos tanto —dijeron—, que tenemos miedo: te pedimos que nos des un hechizo, un conjuro, o un talismán; algo que nos garantice estar siempre juntos, algo que nos asegure permanecer uno al lado del otro hasta el final de nuestros días. ¿Hay algo que podamos o debamos hacer?

[10] Publicado en, Lopera Jaime y Bernal Marta, *La culpa es de la vaca segunda parte*, 2007.

—Hay algo —dijo el viejo sabio—, pero es una tarea muy difícil y de mucho sacrificio. Veamos: Nube Azul, ¿ves aquel monte al norte de nuestra aldea? Deberás escalarlo sola y sin más armas que una red y tus manos. Deberás cazar el halcón más hermoso y vigoroso del monte. Si lo atrapas, tráelo aquí con vida el tercer día después de luna llena, ¿comprendiste?

—Y tú, Toro Bravo —prosiguió el brujo—, deberás escalar la Montaña del Trueno. Cuando llegues a la cima, encontrarás la más brava de todas las águilas y, solamente con tus manos y con una red, deberás atraparla sin heridas y traerla ante mí, viva, el mismo día en que regrese Nube Azul. ¡Vayan ahora!

Los jóvenes se abrazaron con ternura y luego partieron a cumplir las misiones encomendadas, ella hacia el norte y él hacia el sur. El día establecido, frente a la tienda del brujo, los dos jóvenes esperaban con las bolsas que contenían las aves solicitadas.

El viejo les pidió que, con mucho cuidado, las sacaran de las bolsas. Eran verdaderamente unos hermosos ejemplares.

—¿Y ahora, qué hacemos? —preguntó el joven—. ¿Los mataremos y beberemos el honor de su sangre?

—No —dijo el viejo.

—¿Los cocinaremos y comeremos el valor que hay en su carne? —inquirió la muchacha.

—No —repitió el viejo—. Harán lo que les digo: saquen las aves de las bolsas y amárrenlas entre sí, una por la pata izquierda y la otra por la pata derecha, con estas tiras de cuero. Cuando lo hayan hecho, suéltenlas y dejen que ellas vuelen libres.

El guerrero y la joven hicieron lo que se les pedía y soltaron las aves. Tanto el águila como el halcón intentaron levantar vuelo pero sólo consiguieron revolcarse y aletear por el piso. Unos minutos después, irritados por la incapacidad de elevarse, las aves arremetieron a picotazos entre sí hasta hacerse daño. El viejo dijo:

—Como este es el consejo que me piden, jamás olviden lo que han visto: ustedes son como un águila y un halcón. Si se atan el uno al otro, aunque lo hagan por amor, no sólo serán incapaces de volar sino que vivirán arrastrándose y además, tarde o temprano, empezarán a lastimarse el uno al otro. Si quieren que el amor les perdure —remató el anciano—, vuelen juntos, pero jamás vuelen amarrados.

❖❖❖

MI:—Ésta es una muy buena historia sobre las características de la relación de pareja. El mensaje es diáfano: ¿qué tantas ataduras necesita un matrimonio? ¿Qué tantas libertades se pueden dar sin sacrificar, ni en uno ni en otro caso, la felicidad de la pareja?

J:—La pregunta de si tienes atada tu pareja, o la dejas volar, propone un montón de inquietudes. Hay hombres y mujeres que llamaríamos los *atadores*, otros que son los *libertarios*: los primeros no quieren que su pareja dé un solo paso sin ellos; los libertarios suelen ser más abiertos a dar confianza sin limitaciones. Sobre un mismo plano, existen personas muy dominantes en un lado y personas más tolerantes en el otro.

MI:—La inquietud sigue siendo la misma: ¿le reconoces a la otra persona su derecho a ser libre y remontarse a las alturas? O, por el contrario,

¿Quieres vivir con ella de forma tan cercana que no dejas de captar en ella hasta un pequeño suspiro?

J:—Será mejor decir que la esencia de esta historia consiste en volver a la idea del matrimonio con apertura[11], donde cada uno sigue siendo un ser individual, como el águila y el halcón, pero juntos crean un *nosotros*. Es decir, la vieja máxima de que uno más uno es más que dos.

---

[11] Es muy interesante la propuesta de autores como Nena y George O´Neill cuando señalan que el problema matrimonial radica en que éste se ha entendido como la suma de dos mitades: el compromiso es que cada uno pierda parte de su identidad para sumarse a la otra persona también disminuida. Entonces el matrimonio tradicional, gráficamente, puede verse como: $1/2 + 1/2 = 1$, y no la suma de dos enteros que forman tres en una relación que les aporta a ambos: $1+1=3$. Nena & George O´Neill, *Matrimonio abierto*, Barcelona, 1974.

El verdadero amor

Un hombre de cierta edad vino a la clínica donde trabajo para curarse una herida en la mano. Tenía bastante prisa y, mientras lo atendía, le pregunté por aquello tan urgente que debía hacer. Entonces me explicó que tenía un compromiso en una residencia de ancianos para desayunar con su mujer, quien llevaba algún tiempo en ese lugar debido a un Alzheimer[12] muy avanzado. Mientras terminaba de vendar la herida, le pregunté por curiosidad si ella se alarmaría en caso de que él llegara tarde esa mañana.

—No —me dijo—, ella ya no sabe quién soy. Hace ya casi cinco años que no me reconoce.

---

[12] El Alzheimer es una demencia progresiva que tiene el déficit de memoria como uno de sus síntomas más tempranos y pronunciados. Por lo general, el paciente empeora progresivamente, mostrando problemas perceptivos, del lenguaje y emocionales a medida que la enfermedad va avanzando.

No me quedó más remedio que preguntarle, con cierta extrañeza:

—Y si ya no sabe quién es usted, ¿por qué
ese apuro de estar con ella todas las mañanas?

Me sonrió y dándome una palmadita en la
mano, repuso:

—Ella no sabe quién soy, pero yo sé muy
bien quién es ella.

❖❖❖

MI:—Me pregunto si muchos de nuestros lectores
son muy jóvenes y este asunto de ancianos les
parezca aburridísimo.

J:—Bueno, el tema de la senectud aparece con frecuencia porque es real. Aunque hablarlo en voz
alta no aumenta ni disminuye la importancia de
esa situación en la vida de todos, ocultar el problema tampoco sirve para nada.

MI:—Sin embargo, los jóvenes pueden ser afor-
tunados al tener abuelos, padres, tíos o tías mayores. Ellos deben saber que nuestros mayores
son como los sabios de las tribus: los que nos
enseñan los secretos para la vida. Sin embargo,
hay aquí una preocupación diferente: ¿por qué

ha aumentado tanto el Alzheimer y todo tipo de males de la vejez?

J:—Por una razón muy sencilla: porque nunca antes había subido tanto el promedio de vida como en los últimos cincuenta años; y con los avances en la manipulación genética y en la medicina, lo más seguro es que este promedio de edad sea más alto en los próximos años.

MI:—Eso me pregunto: con el abuso de las sustancias psicoactivas, de las dietas excesivas, de las cirugías estéticas, de los estimulantes, de la contaminación en alimentos y del ambiente, ¿cómo será la vejez de quienes hoy están jóvenes? ¿Tendrán un deterioro cerebral más rápido que las generaciones actuales, o tendrán otro tipo de problemas?

J:—Técnicamente hablando, no hay duda respecto a los daños físicos colaterales por los efectos del consumo reiterado de los estimulantes. Lo que queda por ver es si esos substitutos de la realidad hacen más "vivible" la existencia.

MI:—Cierto. Hace poco vimos juntos una película sobre este tema y la narración que transcribimos arriba es una apretada síntesis de ella: la pérdida de los seres queridos también se da por problemas mentales y cerebrales, no sólo por la muerte. Este es otro tipo de duelo por enfermedad. ¿Estamos preparados emocionalmente para manejarlo?

J:—Peor aún, ¿estamos preparados económicamente? ¿Hemos pensado lo que nos sucederá si entramos en un proceso deterioro físico o mental como el Alzheimer? Los cuidados especiales de personas en estas condiciones son muy costosos y muchas familias, pobres y ricas, tendrán que sobrellevar esa pena en condiciones muy difíciles.

MI:—Y eso que en esta narración aparece el cuidado de una pareja que vivió muchos años junta... ¿Cuántas parejas habrá dentro de treinta años que hayan perdurado toda la vida?

CONSIDERACIONES SOBRE EL MATRIMONIO Y EL SEXO[13]

Una pareja joven y seria describe la dimensión que ellos creen que tiene el sexo en su matrimonio:

Ella:—La parte sexual del matrimonio añade a nuestra relación algo que no tenemos con los demás. Es una nueva dimensión que no se da con los amigos. Algunas parejas buscan esto último, pero nosotros no. Creo que el sexo añade una especie de dimensión muy rica, y hace que uno quiera más a cambio; se da más de uno mismo

El:—La parte sexual es muy importante, es básica, y no se tiene con los amigos ni con los colegas. El sexo es el punto de encuentro de nuestra relación. A través del sexo entendemos muchas más cosas de lo que creemos. Muchas

---

[13] O'Neill, Nena, *La premisa matrimonial*, 1975, p. 75.

veces estamos tensos por las premuras diarias de la vida y el trabajo, y el sexo supone un gran alivio. Consigue acercarnos mutuamente de verdad, y a partir de ahí empiezas a ser cariñoso y amable con el otro y capaz de hablar. Pero no quiero decir que el sexo sea una evasión de nuestros problemas. No se debe utilizar para hacer las paces después de un período de enfado. No se deberían tener relaciones sexuales para poder hablar.

Ella:—No creo que el sexo resuelva los problemas básicos, pero no tiene que ser siempre serio. Puede ser simplemente una evasión, un placer. Prefiero una agradable noche de sexo a una obra de teatro aburrida o una mala película.

Sobre el tema de la fidelidad en el matrimonio, una investigadora relata las opiniones de un ejecutivo de publicidad que se encuentra actualmente en su segundo matrimonio, quien expresa su punto de vista masculino[14]:

---

[14] *Op. cit.*, p. 237.

—Históricamente, los hombres siempre han engañado la las mujeres, en público y en privado. Por supuesto que las mujeres también lo han hecho en privado. Pero ahora, por primera vez estamos proponiéndonos ser fieles sinceramente. Por primera vez los hombres se están movilizando en serio y se preguntan, como yo, si sus esposas tienen los mismos sentimientos.

La investigadora añade al respecto:

—Podemos creer, y con buenos motivos, que el doble código de la moral masculina sigue vigente en nuestra sociedad. En su mayor parte, los hombres siguen teniendo más ocasiones y acaso más deseos y más permiso tácito para divertirse que las mujeres. Pero, al aumentar las oportunidades femeninas de independencia económica, de educación y de movilidad, al haber un clima sexual más permisivo y una contracepción efectiva, ha variado el equilibrio en la balanza de la fidelidad matrimonial. Si él puede hacerlo, ahora, ella también puede, por lo menos en teoría[15].

---

[15] *Ibíd.*, p. 234.

MI:—Es inevitable tocar, aunque sea de paso, este tema del sexo en una obra para mujeres. El texto anterior me pareció sugerente porque abre caminos para entrar a él. Existen multitud de libros, de investigaciones[16], películas, videos y todo tipo de abordajes sobre la sexualidad.

J:—En lo que estoy de acuerdo contigo, es en la necesidad de hacer el reconocimiento explícito de la sexualidad en la mujer en igualdad con la sexualidad masculina, por la importancia que ella representa en su comportamiento. *Somos distintos pero valemos igual,* es una máxima muy conocida.

MI:—Evidentemente el mundo se mueve según leyes naturales y una de ellas es la ley de la atracción entre los sexos. No obstante, las parejas se definen como tales por la disponibilidad sexual y la cooperación económica: ambas son inseparables. Está visto que cada pareja establece sus propios códigos de convivencia sexual y la pre-

---

[16] Importante tener en cuenta las obras de Master y Johnson y el *Informe Hite*, en torno al conocimiento de la sexualidad humana.

ponderancia que le dé a tales aspectos de su relación; la cual, además, va cambiando durante las diferentes etapas del matrimonio, de acuerdo con la edad y con las condiciones socio económicas de la pareja.

J:—Sin embargo, es muy importante resaltar la importancia de la atracción y la seducción entre la pareja a fin de mantener viva la llama del contacto físico, que es una parte importante de la intimidad de la pareja.

MI:—Mención importante es el tema de la fidelidad en las relaciones de pareja. Por liberal que sea una pareja, aún las que admiten las relaciones extramaritales, lo más seguro es que el temor al envolvimiento emocional del otro con un tercero sea el motivo de quiebre de la confianza y de la seguridad, condiciones que sirven de amalgama para mantenerse en una relación sana.

J:—La fidelidad sexual suele ser vista como una premisa fundamental del matrimonio, tanto si se hace como si no se hace. Porque en el pasado el matrimonio era la única forma legítima de acceder a las relaciones sexuales. Esta legitimidad aseguraba la paternidad de los hijos y la herencia. Las nuevas opciones modernas hacen que estas premisas empiecen a ser decididas por cada miembro de la pareja, de manera independiente, más no impuestas socialmente.

MI:—Hay un principio básico en las relaciones de pareja: nunca son permanentes, a menos que todos los días las trabajemos como si fuera una delicada flor que cultivamos con todo nuestro amor, para disfrutar del deleite de verla en todo su esplendor.

EL COLLAR DE TURQUESAS

Detrás del mostrador, un empleado miraba distraídamente hacia la calle mientras una pequeña niña se aproximaba al local. Ella se acercó a la vitrina y aplastó su naricita contra el vidrio para ver más de cerca los objetos que allí estaban exhibidos. De pronto sus ojos color miel se abrieron y brillaron más cuando vio determinado objeto. De inmediato entró decididamente en el local y señaló con su dedo un hermoso collar azul que le había llamado la atención, mientras le decía al vendedor.

—Es para una hermana mía. ¿Podría hacerme un lindo paquete?

El dueño del local, quien estaba a un lado observado la situación, miró a la niña con cierta desconfianza y con toda tranquilidad le preguntó:

—¿Cuánto dinero tienes, pequeña?

Sin alterarse ni un instante, la niña sacó de su bolsillo un atadito lleno de nudos, los cuales delicadamente fue deshaciendo uno por uno. Cuando terminó de hacerlo, colocó orgullosamente el pañuelo sobre el mostrador y con excepcional aplomo, dijo:

—¿Esto alcanza, no? —en el pañuelo solamente había unas cuantas monedas...

Mirando al dueño con cierta ternura, en una mezcla de ilusión y tristeza le dijo:

—Señor, desde que nuestra madre murió, mi hermana me ha cuidado con mucho cariño y la pobre nunca tiene tiempo para ella. Hoy es su cumpleaños y quiero llevarle un regalo; estoy segura que ella se va a poner feliz con este collar, porque es justo del color de sus ojos...

El empleado miraba al dueño y a la niña sin saber qué hacer o decir, hasta que el propietario le sonrió a la niña, se fue a la trastienda y envolvió el collar en un espectacular papel plateado, con un perfecto moño hecho con una cinta azul.

Ante el estupor del empleado, el dueño colocó el hermoso paquete en una de las exclusivas bolsas de la joyería y se lo entregó a la pequeña diciéndole:

—Toma, llévalo con cuidado.

La niña se fue feliz saltando calle abajo. No había terminado el día cuando una encantadora joven de cabellos rubios y maravillosos ojos azules entró en el negocio. Colocó sobre el mostrador el paquete desenvuelto y preguntó al dependiente:

—Señor, ¿este collar fue comprado aquí?

El empleado cortésmente le pidió a la chica que esperara un momento mientras llamaba al dueño, quien apareció enseguida y con la más respetuosa sonrisa, le dijo:

—Sí, señora, este collar es una de las piezas especiales de nuestra colección exclusiva y, en efecto, fue comprado aquí esta mañana.

—¿Puede usted decirme cuánto costó?

—Lamento no poder brindarle esa información, señora. Es nuestra política que el precio de cualquier articulo es un asunto confidencial entre la tienda y el cliente.

—Pero, señor, mi hermana sólo tenía algunas monedas que ha juntado haciendo muñecas de trapo con ropa vieja; mi sueldo es demasiado modesto y apenas nos alcanza para sobrevivir. Este hermoso collar no es de fantasía, ¡y ella no tendría dinero suficiente para pagarlo!

El hombre tomó el estuche, rehizo el paquete casi ceremoniosamente, y con mucho cariño puso de nuevo la cinta y, mientras se lo devolvía a la joven, le dijo:

—Ella dio *todo* lo que tenía. Es decir, pagó el precio más alto que cualquier persona puede pagar.

Un magnífico silencio llenó el local y unas lágrimas rodaron por el rostro de la joven, mientras agarraba el paquete y salía del almacén abrazándolo fuerte contra su pecho.

❖❖❖

MI:—Esta lectura me trae a la memoria una frase de mi abuela materna, quien casó diez hijas —la más veterana de ellas tenía veintidós años cuando contrajo matrimonio—, y siempre le decía a sus futuros yernos: "Yo no le pido a usted que le dé nada material; lo único que le pido es que sea *considerado* con ella"

J:—¿Qué quería decir tu abuela con esto?

MI:—Pues si nos atenemos a la definición del diccionario, *considerar* es "tratar a una persona con urbanidad y respeto". Sin embargo, en mi familia esta expresión se entiende también con otro significado, muy parecido a *empatía*, es decir, "ponerse en los zapatos del otro".

J:—¿Y por qué evocas ese mensaje con esta historia?

MI:—Porque la niña de este cuento tiene, en ese acto de profundo amor y ternura para con su hermana, un sentimiento inmenso de consideración por ella, por sus sacrificios y las privaciones que habían pasado; y a ese noble gesto se suma el del dueño de la lujosa tienda, quien aprecia aun más la conducta de la niña al comprender el valor de este acto de generosidad mutua. Él es el verdadero protagonista de esta historia.

SIRENAS O BALLENAS

Hace un tiempo se vio por las calles de Sao Paulo un cartel de la empresa Runner, una de las cadenas de gimnasios más renombradas del Brasil, haciendo propaganda con la foto de una chica escultural alzando pesas con la siguiente frase:

"Este verano qué prefieres ser: ¿sirena o ballena?"

La historia dice que una joven mujer de esa ciudad (cuyas características físicas nunca se conocieron) le envió el siguiente mensaje a la cadena de gimnasios en respuesta a su frase publicitaria:

Estimados señores:

A propósito de su publicidad en la calle, animándonos a ser sirenas en vez de ballenas, quisiera hacerles los siguientes comentarios:

Las ballenas están siempre rodeadas de amigos: tienen una vida sexual activa, se embarazan y tienen ballenitas muy tiernas. Las ballenas amamantan, hacen vida social con los delfines y se lo pasan comiendo cebiche de camarones.

También se divierten jugando en el agua y nadando por ahí, surcando los mares, conociendo lugares maravillosos como las aguas cálidas de Chocó, los hielos de la Antártica y los arrecifes de coral de la Polinesia.

Las ballenas modulan muy bien y tienen grabados muchos discos con sus cantos y murmullos. Como las ballenas son enormes, casi no tienen depredadores naturales.

En cambio, las sirenas no existen. Si existieran, vivirían en permanente crisis existencial: "¿Soy un pez o soy un ser humano?". Y yo agregaría algo peor: no tienen por donde hacer el amor. ¡Válgame Dios!

Las sirenas son hermosas, sí, pero aparecen siempre tristes y solitarias, llamando gente a que las acompañe, en especial, a los ma-

rinos que pasan cerca de ellas. Pero, ¿quién
quiere acercarse a una criatura que huele
a pescado crudo?

Runner querido, prefiero ser ballena...

❖❖❖

J:—Una corresponsal nos envió este mensaje con la advertencia, dice ella, de que debe leerse en "esos días en que nos miramos en el espejo y no nos gustamos".

En estos tiempos de mujeres anoréxicas y bulímicas, cuando la prensa, las revistas, el cine y la TV nos meten a la fuerza que sólo las flacas son bellas, este mensaje trae renovadas esperanzas a los valores de las ballenitas y, ¿por qué no?, a las sirenitas que no descansan un segundo pensando en su apariencia exterior.

MI:—Definitivamente. Me decía una amiga, yo prefiero disfrutar de un helado bien grande junto a la sonrisa cómplice de mis hijos, o una copa de vino con un hombre que me haga vibrar, o una exquisita pasta italiana con los amigos que me quieren por lo que soy, no por cómo luzco.

J:—Recuerda aquella otra colega tuya que con frecuencia comentaba con gracia: "A medida que

80

envejecemos, ganamos peso. Pero esto ocurre porque acumulamos mucha información en nuestra cabeza. Mi cabeza, por no soportar tanta información, comenzó a desplazarla y llenar el resto del cuerpo. Ahora entiendo que no soy gorda, ¡soy culta!"

El valor del trabajo

Estela se levantó ese día más temprano que de costumbre. En la clínica donde trabajaba, se realizaría una conferencia-desayuno con un especialista en recursos humanos quien tocaría el tema del valor del trabajo. Como su jefe estaba en un congreso de actualización por un par de días, aprovechó para asistir al evento.

Efectivamente, allí estaba ella, con otras compañeras, tomando nota de todas aquellas investigaciones y teorías acerca de la importancia del trabajo que hace la gente. Entre otras cosas, se habló de la motivación para trabajar y de todas las satisfacciones que hacen que las personas se sientan verdaderamente útiles; el nombre que el conferencista le daba a este sentimiento de felicidad en el trabajo era el de "autorrealización".

Hubo muchas preguntas e inquietudes acerca de si el trabajo es alienante o enaltecedor, mientras ella observaba silenciosa a sus compañeras y reflexionaba sobre el tema. Estela siempre había querido estudiar medicina, pero, viviendo en una pequeña localidad e hija de un farmaceuta no muy pudiente, se privó de entrar a la universidad. Luego de su bachillerato estudió entonces en su pueblo algunos cursos de mecanografía y algo de sistemas; inclinada por su vocación, igualmente aprendió primeros auxilios, socorrismo y atención de partos.

Uno de sus tíos que vivía en la capital los visitó cierto día, y se interesó por el futuro profesional de Estela. Gracias a su oficio de visitador médico, tenía muy buenas relaciones con profesionales de la medicina y podría conseguirle algo a su sobrina; se ofreció además para que viviera en su casa con su esposa y sus dos hijas mientras ella se podía independizar. Así sucedió y pronto Estela estaba trabajando en la gran ciudad, en un notable centro médico, con un oncólogo joven pero de muy alto reconocimiento por su profesionalismo y seriedad.

Algo que le impresionó a Estela en la entrevista de selección con su jefe fue una imagen de Cristo, en una sala de cirugía, guiándole la mano con cuidado al cirujano que operaba. Este dibujo estaba detrás de la silla del oncólogo. Ella pensó: "Si este doctor no se cree dios, sino que cree en Dios, es porque es humano y no sólo debe ser buen médico sino muy buen jefe". Inmediatamente puso todo su empeño en salir bien de su entrevista, y muy pronto comenzó su tarea de secretaria.

Al terminar la conferencia-desayuno, Estela abrió el consultorio y comenzó sus tareas cotidianas. Lo primero que hizo fue llamar a cada paciente y recordarle su cita para el lunes de la semana siguiente, al regreso de su jefe. Cuando fuera el caso, les preguntó cómo se habían sentido y si habían realizado su terapia en el centro de oncología. Luego extrajo de un cajón una tarjeta de cumpleaños destinada a un niño paciente del oncólogo que hacía tres años había superado una leucemia: le envió un saludo de su médico y firmó como su asistente.

Enseguida revisó las cirugías programadas de la semana, confirmó todos los protocolos en la clínica incluyendo comunicarse con Anestesiología para programar las citas de los que iban a ser operados. Uno a uno los pacientes recibieron la llamada de Estela, quien les daba las indicaciones de los procedimientos, les deseaba mucha suerte, y hablaba con los familiares para hacer algunas recomendaciones sobre cómo tranquilizarlos antes de la cirugía. Después del almuerzo, hizo algo de archivo, organizó las historias clínicas, revisó la facturación y los cobros a las aseguradoras a fin de tenerle en claro a su jefe el estado de cuentas al cierre de mes.

Estela salió mucho más tarde de lo habitual, tomó el autobús, hizo un poco de compras en el supermercado y finalmente llegó a su pequeño apartaestudio cerca de la clínica. Puso un disco que le agradaba, mientras cortaba un poco de fruta y disponía la cena. En ese momento rememoró la charla de la mañana y empezó a comparar las palabras del conferencista con todo lo que ella había realizado durante el día. Por una extraña razón, sintió que un cálido rubor le cruzaba por las mejillas mientras se decía: "En realidad, cómo me siento de bien haciendo lo que hago; ¡esto debe ser lo mismo que ese señor denomina autorrealización!"

✦✦✦

MI:—La autorrealización[17] es un término que
define tal vez el máximo desarrollo de las potencialidades de una persona cuando trabaja
para sí o para otros. Este empleo a fondo de sus
capacidades en trabajos que le sean gratificantes
es como si fuera la suma de las necesidades sa-
tisfechas, desde la seguridad hasta la autonomía
personal.

J:—Abusando de la terminología de los econo-
mistas, ahora se habla también del valor agregado
en el trabajo, tanto como se dice del mismo valor
agregado en los productos o en los servicios. Creo
que Estela añadía valor a lo que hacía porque se
mostraba satisfecha, útil, trabajando más de lo

---

[7] Este concepto fue introducido por el profesor norteame-
icano Abraham Maslow (1943, 1954) y lo ubicó gráfica-
nente en la cúspide de su clásica pirámide de necesidades.
En nuestro país el sicólogo Fernando Toro Álvarez, a través
le sus investigaciones, ha corroborado que el motivo de
utorrealización tiene una preponderancia importante en
as mujeres de nivel medio y auxiliar en las empresas. Se
entiende el motivo de autorrealización como el "interés y
acción orientados a la puesta en práctica de los conocimien-
os, habilidades o destrezas que la persona cree poseer; un
deseo de usar y desarrollar en la práctica tales habilidades y
saberes". Ver bibliografía.

previsto y dándole forma a un servicio médico más allá de lo esperado por los pacientes. Esta conducta de superación y de mayores alcances es un tipo de autorrealización que no se da mucho en los ambientes tóxicos de las empresas que sacrifican a las personas en la guillotina del autoritarismo y la intolerancia.

MI:—Es duro decirlo así, pero la verdad es que la autorrealización reclama climas organizacionales cálidos; los climas fríos congelan la creatividad y el entusiasmo y, más aún, producen reacciones de antagonismo que se reflejan en quejas, reclamos, paros y huelgas. El daño que estos eventos producen a las empresas no es equiparable siquiera al que se produce en el ánimo de los empleados de ella.

J:—Peor aún: los costos reales de la pérdida de energía en las empresas, por culpa de esos trabajos tóxicos, deberían tener un capítulo especial en el estado de pérdidas y ganancias de una organización. Por el contrario, está probado que cualquier persona, servicio o empresa potencializa y mejora sus resultados en ambientes de realización, apoyo y creatividad. Si no, pensemos si al médico oncólogo con el que trabaja Estela no le irá mejor que a sus colegas, por cuenta de ese amable valor agregado en el servicio de su asistente o secretaria.

CARGAR EL VENADO

Estaba un hombre a la orilla del camino sentado sobre una piedra, bajo la sombra de un frondoso roble. Se lo veía triste y cabizbajo, casi a punto de llorar. Así lo encontró su compadre y amigo de toda la vida, quien acongojado al verlo en tal estado, le preguntó el motivo de su angustia.

—¡Ay, compadre! —contestó el interpelado—, ¡tu comadre! ¡Tu comadre va a acabar conmigo!

—No, hombre, más bien dime qué te pasa; a lo mejor te puedo ayudar a encontrar una solución al problema.

El compadre, después de limpiarse los ojos, empezó su relato:

—Mira, tú sabes que somos muy pobres y en mi humilde casa la única forma de acompañar los cereales es con un pedazo de carne que tengo que conseguir cazando en el monte. Me tengo que ir con mi escopeta, pasar varios días de sufrimiento y penalidades, salvándome de milagro de los peligros, esquivando víboras, al tigre, soportar la terrible comezón que me producen las garrapatas y piquetes de moscos, y por si esto fuera poco, aguantar cómo me cala hasta los huesos el frío y la soledad de las noches. Luego, por fin, si la suerte me socorre y logro cazar un venado, todavía tengo que cargarlo y subir la cuesta hasta llegar a mi casa en la loma. No he alcanzado a llegar cuando aparece mi esposa con el cuchillo en la mano e inmediatamente empieza a repartir el venado entre vecinos y familiares. Que una pierna para Juana, que otra para Leo, que este lomito para mi mamá, que eso para allá, que esto para acá y en menos de una semana ahí va tu tonto amigo otra vez de cacería. ¡Pero ya me cansé!

El compadre, después de meditar un momento, le dio la solución:

—Invita a tu mujer a cazar y dale a cargar el venado.

—¿¡Qué!?

—Sí, sí. Mira, invítala y háblale de lo bonito de los paisajes, del esplendor de las estrellas en las noches, de los manantiales cristalinos que reflejarían románticamente sus imágenes, de sus exquisitas aguas, del aire fresco del monte lleno de oxígeno, de la graciosa manera como camina el venado, del dulce canto de los grillos y los pájaros silvestres, en fin. No le hables de las espinas, ni los peligros, ni del frío ni el cansancio. Dile que la invitas a la cacería.

El hombre siguió el consejo. Por supuesto, la convenció. La mujer, entusiasmada, se fue con la falda larga hasta el tobillo. Al cruzar el primer espino se le redujo a la mitad porque la prenda quedó desgarrada entre las ramas; la blusa se le rompió; el calzado se destrozó por los difíciles caminos, y las piedras y las espinas la hicieron sangrar. El sol le quemó la piel, el cabello se le maltrató, las manos le quedaron heridas al abrirse paso entre el espeso monte. Incluso, estuvo a punto de sufrir un infarto al encontrarse de frente con una serpiente del bosque.

Muerta de hambre, su imagen parecía sacada de un cuento de ultratumba. Por fin, después de tantos martirios, un día encontraron al venado. Ella tuvo que contener el aliento y el hombre, sigiloso, con la astucia y la agilidad de un gato, se acercó a su presa y con la mirada de un lince localizó el blanco justo para liquidar al escurridizo animal. ¡Bang! El venado había muerto.

La mujer no cabía de júbilo pensando que su sufrimiento había terminado, pero no era así.

—Ahora, mi amor, quiero que cargues el venado para que veas lo bonito que se siente —le dijo el hombre masticando cada una de sus palabras.

La mujer casi se desmaya ante la desconocida mirada de su marido, pero ante la desesperación por regresar a su hogar, no tuvo aliento ni para replicar y cargó el venado hasta su casa cruzando veredas y montañas.

Agotada, con las piernas adoloridas, jadeando y casi muerta, a punto de fallarle el corazón llegó y depositó el animal en la entrada de su casa. Los niños y sus amiguitos, hijos de los vecinos, salieron a recibir a los papás cazadores y, acostumbrados a la repartición, le dijeron a su mamá con alegría:

—Mamá, apúrate a repartir el venado porque la mamá de Pepe ya está desesperada. ¿Qué pedazo le llevo a mi tía?

La señora, sentada en el piso, hizo un esfuerzo sobrehumano para levantar la cabeza y con los ojos inyectados de sangre volteó a ver a los niños y tomando aire hasta por las orejas, les gritó:

—¡Este venado no lo toca nadie! Y tú, Pepe, ve y dile a tu mamá que si quiere carne, ¡que vaya, cace y me traiga a mí lo que yo tantas veces le he regalado!

❖❖❖

MI:—¿Por qué seleccionaste esta narración?

J:—Mira, hay una especie de prejuicio cuando se piensa en las mujeres, pues la verdad es que no todas trabajan ni en el hogar ni fuera de el, y quiero abogar por aquellos hombres que responden económicamente por la casa.

MI:—Pues bien, me parece apenas justo y equilibrado el tema. En verdad, cuando una mujer no ha trabajado, por cualquier circunstancia que sea, no sabe lo duro que es conseguir el dinero. A menudo el solo ambiente laboral que se respira en las empresas no siempre es el más amable, los jefes casi nunca son considerados, las exigencias por los resultados son muy enérgicas, y además las presiones en la casa para cumplir las exigencias de una sociedad consumista son bastante pesadas.

J:—Y qué diremos de las tensiones cuando ese esposo o compañero tiene su propio negocio, maneja empleados, pelea con los bancos, lucha por conseguir los clientes, cobra las facturas, paga impuestos y además le debe sobrar para llevar a la casa. Eso sin hablar de aquel que tiene que "rebuscarse" algo qué hacer, pues ni tiene empleo ni es empresario.

MI:—Creo que aquí cabe el tema de la *consideración* pero al revés: de las mujeres hacia los compañeros o hacia los hijos. Es una verdadera muestra de solidaridad cuidar cada peso del otro como si yo me lo hubiese ganado. Alguna vez le escuché al psiquiatra Francisco Cobos una frase que nunca podré olvidar: "Dos personas se constituyen en pareja cuando se cumplen estas condiciones: exclusividad sexual y cooperación económica". Eso quiere decir que no siempre esta cooperación se da por el ingreso de dinero de ambas partes, también se da por las economías y el cuidado de los recursos de todo tipo que la otra parte aporta.

J:—Vale la pena hacer otra anotación al respecto: la compresión al revés, entre empleado y jefe: si los empleados conocieran las angustias de sus jefes, es posible que tuvieran otra mirada, más indulgente tal vez, sobre los problemas de sus empresas. Ojala les tocara cargar el venado siquiera un día para entender muchas cosas.

EL ÁRBOL MUERTO

Recuerdo que en un invierno mi padre necesitaba leña, así que buscó un árbol muerto y
lo cortó.

Más tarde, en la primavera, vio sorprendido
que en el tronco marchito de ese árbol estaban
brotando retoños. Mi padre dijo:

—Estaba seguro de que ese árbol estaba
muerto. Había perdido todas las hojas durante el invierno. Estaba tan frío que las ramas se
quebraban y caían sin que nadie las tocara,
como si no le quedara al viejo tronco ni una
pizca de vida. Pero ahora reconozco que aún
le corría savia a aquel tronco.

Y volviéndose hacia mí, me aconsejó:

—Nunca olvides esta lección: jamás cortes
un árbol en invierno. O mejor, jamás tomes
una decisión negativa en tiempo adverso. Nunca tomes decisiones importantes cuando estés
en tu peor estado de ánimo. Espera. Sé pacien-

te. Recuerda que tarde o temprano la primavera volverá.

◆◆◆

MI:—Muchas veces tomamos decisiones en momentos de acaloramiento, de rabia, de celos, de decepción, y cuando nos arrepentimos de haberlo hecho, ya es tarde y son irremediables los daños. Me evoca esta historia aquel viejo proverbio chipriota que dice: "Palabra y piedra suelta no tienen vuelta".

J:—Con base en ese proverbio, desde hace años he dicho que algunas palabras son dañinas porque enjuician a priori la conducta de los demás y, dichas precipitadamente y con enojo, producen mucho estropicio. Una sola palabra como "inútil" puede marcar de por vida a un hijo; "mantenida" puede dañar para siempre un matrimonio; o "incompetente", acabar con la carrera de un empleado. Las llamamos "palabras piedra" y más adelante veremos una explicación mejor.

MI:—Sí, creo que en tus seminarios siempre insistes mucho sobre este concepto porque cualquier ambiente cargado de estas palabras se vuelve ofensivo, descalificador, dañino y por supuesto tóxico. En ambientes familiares así no se puede sentir el calor del hogar; los climas organizacionales se vuelven altamente desmotivadores y finalmente las comunidades emprenden el camino de la violencia.

J:—Sobre todo, hago un llamado a las mujeres para que cuiden más sus expresiones, pues la dureza de sus palabras puede dar lugar a muchas agresiones físicas y emocionales. Recuerda que la violencia verbal llama a la violencia física y este circuito se retroalimenta de manera inevitable.

COMPRAR UN PADRE

Una joven pareja entró en el mejor almacén de la ciudad. Ambos se entretuvieron mirando los juguetes en las estanterías. Los había de todo tipo, pero no llegaban a decidirse. Al verlos dudando, una dependiente muy simpática se les acercó y les preguntó por sus intereses.

—Mira —le explicó la mujer a la empleada—, tenemos una niña muy pequeña, pero estamos casi todo el día fuera de casa y, a veces, hasta en la noche.

—Es una hermosa niña pero casi no sonríe —añadió el hombre—. Quisiéramos comprarle algo que la hiciera feliz, algo que le diera alegría aun cuando estuviera sola, algo que la acompañara, que le ayudara en su desarrollo psicomotriz...

—Lo siento —respondió la empleada mirándolos seriamente—, pero aquí no vendemos padres.

❖❖❖

J:—Creo que esta narración no necesita explicación.

MI:—Claro que no, pero amerita una reflexión por la dureza de la crítica: hasta esta empleada intuye la soledad de la niña. Hoy en día, los niños también padecen de depresión y estrés por causa de la soledad. Y lo peor es que muchos niños reciben de sus padres juguetes en exceso, porque ellos no les pueden dedicar el tiempo necesario para consentirlos y jugarles. Así acallan tal vez sus sentimientos de culpa.

J:—Las teorías pedagógicas hablan que el juego es la mejor manera de desarrollar el cerebro, el cuerpo y los sentidos del niño en desarrollo. El "trabajo" de un niño pequeño es jugar; el "trabajo" de un escolar es estudiar; y después de eso, lo del adulto es el trabajo. Sin embargo, son los juegos interactivos los que más apoyan este desarrollo.

MI:—Siempre he dicho que para mí la música más bella en el universo es la risa de un niño. Jugar con los niños es una experiencia que hace sonreír al espíritu y nos calienta el alma. Por fortuna, existen entidades como Bienestar Familiar, donde trabajé algún tiempo, que se ocupan de proporcionarles a los niños los cuidados de protección, nutricionales, de estimulación temprana y de socialización que muchos niños requieren y a los cuales no tienen acceso por el trabajo de sus padres.

LLENEN SUS VIDAS[18]

Un experto estaba dando una conferencia a un grupo de profesionales. Para dejar en claro cierto punto, utilizó un ejemplo que aquellos profesionales jamás olvidaron. Parado frente al auditorio de esa gente tan exitosa, dijo:

—Quisiera hacerles un "pequeño examen".

De abajo de la mesa sacó un jarro de vidrio, de boca ancha, y lo puso sobre la mesa frente a él. Luego sacó una docena de piedras del tamaño de un puño y empezó a colocarlas una por una en el jarro. Cuando el jarro de vidrio estaba lleno hasta el tope y no podía colocar más piedras, preguntó al auditorio:

—¿Está lleno este jarro?

Todos los asistentes al unísono dijeron: ¡Sí!
Entonces, dijo:

---

[18] Tomado de Lopera y Bernal, *La carta a García y otras parábolas del éxito*, 2000.

—¿Están seguros?

Y enseguida sacó de abajo de la mesa un balde con piedras más pequeñas. Echó un puñado de esos guijarros en el recipiente y lo movió haciendo que las piedras pequeñas se acomodaran en el espacio vacío entre las grandes. Cuando hubo hecho esto, preguntó de nuevo:

—¿Está lleno este jarro?

Como esta vez el auditorio ya suponía lo que vendría, uno de los asistentes dijo en voz alta: "Probablemente, no".

—Muy bien.

Sacó el expositor de debajo de la mesa un balde lleno de arena y empezó a echarlo en el jarro. La arena se acomodó en el espacio entre las piedras grandes y las pequeñas. Una vez más preguntó al grupo:

—¿Está lleno el jarro?

Esta vez varias personas respondieron en coro: ¡No!

—¡Muy bien!

Luego sacó una vasija llena de agua y la echó al jarro hasta llenarlo. Cuando terminó el procedimiento, miró hacia el auditorio y preguntó:

—¿Cuál creen ustedes que es la enseñanza de esta pequeña demostración?

Uno de los espectadores levantó la mano y dijo:

—La enseñanza es que no importa qué tan lleno esté tu horario, si de verdad lo intentas, siempre podrás incluir más cosas...

—No —replicó el expositor—, ésa no es la gran lección; la verdad de esta demostración es que si no colocas las piedras grandes primero, no podrás ponerlas en ningún otro momento. Debes anteponer siempre tus mayores prioridades, luego, en los espacios vacíos podrás colocar otros objetivos más pequeños.

❖❖❖

MI:—Recuerda que el gran tema central de las prioridades es entre el ser, el hacer, el saber y el tener. Para la mayor parte de las personas, el *tener* es lo más importante: cifran su amor propio en las cosas; se pasan la vida buscando aparentar a través de joyas, carros, casas, viajes para poder competir con amigos, compañeros y parientes, aun a costa de su salud e incluso de principios éticos.

J:—Tengo amigos de mi edad que vivieron así y hoy están muy solos, estables, disfrutando aparentemente de un buen nivel de vida pero sorprendidos de las cosas que todavía yo propongo, lidero y animo. Cultivar *el ser* hace que todas las mañanas uno sienta que tiene un reto que cumplir, una tarea importante que realizar, una idea novedosa que desarrollar. Uno se siente vivo y genuino tratando con la creatividad.

LOS HIJOS SON COMO NAVÍOS

Al dar una mirada a un navío en el puerto, imaginamos que está en su lugar más seguro, sostenido por una fuerte amarra.

Sin embargo, sabemos que esa nave está allí preparándose, absteniéndose y alistándose para ir a la mar, cumpliendo con el designio para el cual fue creada. Dependiendo de lo que la fuerza de la naturaleza le reserve, esa nave tendrá que desviar la ruta, trazar otros caminos y buscar otros puertos. Pero retornará fortalecida por la trayectoria recorrida, habrá ganado pericia por las diferentes condiciones climáticas que superó y habrá mucha gente esperando feliz su regreso en el puerto.

Así son los hijos. Tienen a sus padres, o sea el puerto seguro, hasta que se vuelven independientes. Pero, por más protección y sostén que puedan sentir junto a ellos, los hijos nacieron para soltar amarras y surcar los mares de la vida, para correr sus propios riesgos y vivir sus propias contingencias. Cierto es que llevarán consigo los ejemplos recibidos en su hogar, los conocimientos adquiridos en la escuela, pero lo más importante estará en el interior de cada uno: en la capacidad de ser feliz. El lugar más seguro para el navío es el puerto, aunque aquel no fue construido para permanecer allí. Lo difícil es el momento de verlo zarpar.

El regalo de amor más grande que se le puede dar a un hijo es la autonomía. Muchos padres piensan que ellos serán el puerto estable de sus hijos y suelen olvidar que en cambio deben prepararlos para navegar mar adentro. Hay que animarlos a encontrar su propio lugar, donde se sientan seguros, con la certeza de que ellos llegarán a ser también un puerto para los nietos.

❖❖❖

MI:—Como bien lo dice este mensaje, a la postre los hijos deben convertirse en ciudadanos del mundo. Para que lo logren, debemos procurar que lleven en su equipaje valores tales como excelencia, tenacidad, honestidad, disciplina y generosidad.

J:—No obstante, los padres quisieran ver una sonrisa en los hijos, pero no pueden sonreír por ellos. Pueden desear su felicidad[19] con toda su alma, pero no pueden ser felices por ellos.

MI:—Habrá que repetir entonces que la felicidad consiste en tener un ideal para buscar y la certeza de estar dando pasos firmes en el camino de ese logro. Los padres no deben marcar los pasos de los hijos y los hijos nunca deben descansar en los pasos que los padres forjaron. Los hijos deben salir desde el puerto a donde sus padres llegaron y, como los navíos, partir en busca de superar sus obstáculos y forjar sus propias aventuras.

J:—Por ello mismo no sobra recordar aquí un viejo refrán: "Cuando un barco no llega a puerto, casi nunca la culpa es del puerto".

---

[19] Respecto la psicología de la felicidad, Csikszentmihalyi siempre se pregunta: ¿Cuándo se sienten felices las personas?, y lo que dice es interesante: "Lo que descubrí es que la felicidad no es algo que sucede. No es algo que pueda comprarse con dinero o con poder. No parece depender de los acontecimientos externos sino más bien de cómo los interpretamos. De hecho, la felicidad es una condición vital que cada persona debe preparar, cultivar y defender individualmente". M. Csikszentmihaly, *op. cit.*; pp. 13 y ss. Agradezco a Gabriel Saldarriaga haberme dado la ocasión de conocer a este autor (JL).

MI DOCTORADO

Cuando Ana fue a renovar su licencia de conducir, le preguntaron cuál era su profesión. Ella dudó un instante, no sabía bien cómo llamarla.

El funcionario insistió:

—Lo que le pregunto es si tiene un trabajo.

—¡Claro que tengo un trabajo! —exclamó Ana— Soy madre.

—Nosotros no consideramos "eso" un trabajo —repuso el empleado sin inmutarse—. Voy a escribir que es "ama de casa".

Elena, una compañera de trabajo, supo de lo ocurrido y se quedó pensando en ese episodio por algún tiempo. Cierta vez ella se encontró en idéntica situación. La persona que la atendió era una funcionaria de carrera, segura y eficiente. El formulario parecía enorme e interminable. Obviamente que la primera pregunta fue: "¿Cuál es su ocupación?"

Elena pensó un momento y respondió velozmente:

—Soy "doctora en desarrollo infantil y en relaciones humanas".

La funcionaria hizo una pausa mientras la miraba con ojos desconfiados. Entonces Elena debió repetir lentamente lo que había dicho, enfatizando las palabras más significativas. Luego de anotarlo todo, la funcionaria se animó a indagar:

—¿Puedo preguntar qué es lo que hace... exactamente?

Sin la menor duda, pero con mucha calma, Elena respondió:

—Adelanto un programa a largo plazo, dentro y fuera de casa.

Luego, tomando aire, continuó:

—Soy responsable de un gran equipo y tengo en mis manos cuatro proyectos. Mi régimen es de dedicación exclusiva, con un grado de exigencia de catorce horas por día, y a veces hasta de veinticuatro horas.

A medida que iba describiendo sus responsabilidades, notó un creciente tono de respeto en la voz de la funcionaria, que finalizó el formulario sin hacerle más preguntas.

Al regresar a casa, Elena fue recibida por "su equipo": una niña de trece años, una de siete y otra de tres. Subiendo al piso superior de la casa, pudo oír a su más nuevo proyecto, un bebé de seis meses, ensayando un nuevo tono de voz.

Feliz, Elena tomó el bebé en sus brazos y pensó en la gloria de la maternidad, en sus muchas responsabilidades y en sus horas interminables de dedicación... Mamá, ¿dónde están mis zapatos?... Mamá, ¿me ayudas con la tarea?... Mamá, el bebé no deja de llorar... Mamá, ¿me buscas después de la escuela?... Mamá, ¿irás a verme bailar?... Mamá, ¿me compras?... Mamá...

Sentada en su cama, Elena llamó a Ana y le dijo:

—Me pasó lo mismo que a ti en la oficina de licencias. Yo le dije a la funcionaria que en efecto yo sí era "doctora en desarrollo infantil y relaciones humanas".

—Entonces ¿qué grado le damos a las abuelas y a las tías?. —le respondió Ana.

—¿Cómo te parece "doctoras senior" o "doctoras asistentes"? Y todas las mujeres, madres, esposas, amigas y compañeras, ¡doctoras en el arte de hacer la vida mejor...! En resumen, ¡especialistas en el arte de educar!

❖❖❖

J:—En realidad, aquel es un doctorado que no viene solo, sino acompañado por un sinfín de responsabilidades que se aprenden día a día, con paciencia y dedicación, y a menudo con unas enormes incomprensiones.

MI:—En efecto, ser madre es uno de los roles más buscados por las mujeres, más cantados por los músicos y poetas, más ensalzados por las religiones, pero menos valorado en muchos ambientes, en especial los laborales. En nuestros seminarios hemos dicho que tal vez los dos roles más escasos de entrenamiento previo son los de padre/madre, y el de jefe. Por eso debemos reconocer el esfuerzo de muchos especialistas en educación que han dedicado sus vidas al entrenamiento de padres.

J:—En muchas ocasiones los hombres mismos solemos hacernos los ciegos y sordos cuando vemos a las mujeres enfrentar esa clase de tareas difíciles. Somos temerosos de reconocerles a ellas sus esfuerzos y, mucho más, cuando nos olvidamos de ofrecerles una mano de ayuda. Gracias a ello, el "doctorado" lo obtienen las madres en la práctica, a veces por nuestra incompetencia masculina.

MI:—Digamos que no se puede generalizar. Conozco muchas parejas, de diferentes generaciones, en las cuales los hombres desempeñan una excelente labor como "amos de casa" y niñeros, recibiendo admiración y agradecimiento de sus mujeres.

J:—Más aún, tenemos que reconocer el coraje de padres y madres solos que levantan a sus hijos sin una pareja. Ellos merecen, duplicados, todos aquellos "doctorados".

El DOMADOR

Se cuenta lo siguiente de un viejo ermitaño, es decir, una de esas personas que por amor a Dios se refugian en la soledad del desierto, del bosque o de las montañas solamente para dedicarse a la oración y a la penitencia, quien se quejaba porque tenía demasiados quehaceres.

Unas personas que lo visitaban le preguntaron cómo era que en la soledad tuviese tanto trabajo. El viejo les contestó:

—Mi oficio es el de domador. Tengo que amaestrar a dos halcones, entrenar a dos águilas, mantener quietos a dos conejos, vigilar una serpiente, cargar un asno y someter a un león.

—Pero, no vemos ningún animal cerca de la cueva donde vives. ¿Dónde están todos estos? —contestaron los visitantes.

Entonces el ermitaño dio una explicación que todos los que estaban allí comprendieron muy bien:

—Estos animales los poseen todos los hombres y mujeres, ustedes también. Los dos halcones se lanzan sobre todo lo que se les presenta, lo bueno y lo malo; tengo que domarlos para que sólo se lancen sobre una presa buena: son mis ojos. Las dos águilas con sus garras hieren y destrozan; tengo que entrenarlas para que sólo se pongan al servicio y ayuden sin herir: son mis dos manos. Y los conejos quieren ir adonde les plazca, huir de los demás y esquivar las cosas difíciles; tengo que enseñarles a estar quietos aunque haya un sufrimiento, un problema o cualquier cosa que no me gusta: son mis dos pies.

"Lo más difícil es vigilar la serpiente pues, aunque se encuentra encerrada en una jaula de 32 varillas, siempre está lista para morder y envenenar a los que la rodean apenas se abre la jaula; y si no la vigilo de cerca, hace daño: es mi lengua. El burro es muy obstinado, no quiere cumplir con su deber; pretende estar cansado y no quiere llevar su carga de cada día: es mi cuerpo. Finalmente, necesito domar al león, que quiere ser el rey, quiere ser siempre el primero, es vanidoso y orgulloso: es mi corazón.

Entonces el ermitaño entró en una profunda meditación. Los visitantes comprendieron que todos ellos estaban reflejados en esa narración y se alejaron con respeto.

❖❖❖

MI:—Domar los ojos, las manos o los pies no resulta demasiado problema; es la serpiente la que más daño hace cuando nosotras la dejamos vagar libremente y luego verla hacer daños a menudo irreparables. Por esa serpiente se nos critica mucho, por chismosas.

J:—El mensaje de esta historia también alude a las formas de autodominio, porque el desborde de las emociones por lo general origina reacciones de diversa naturaleza en los demás. La vida en sociedad crea ciertas reglas de conducta que nos impiden ser salvajes o primitivos; el hecho de respetarlas es simplemente un factor de convivencia que facilita la armonía entre los individuos.

MI:—Ese autocontrol del cual hablas no debe ser confundido con la subyugación o el disimulo; tener autocontrol es tener claridad de que yo soy responsable de mis sentimientos: yo decido cómo sentirme en todas las situaciones, buenas o malas.

J:—Ese es un cambio total de perspectiva: dejar de culpar a los demás de mis sentimientos y empezarlos a asumir como mi propia decisión: En vez de ser una "víctima" de la otra persona, yo "decido sentirme mal".

MI:—Cuando uno aprende ese pequeño secreto, empieza a tomar la vida de una manera distinta y se convierte en dueño de su propio destino.

Una leyenda china

Hace tiempos una joven llamada Lili se casó y se fue a vivir con el marido y su suegra. Pasados algunos días, no se entendía con la señora. Sus personalidades eran muy diferentes y Lili se irritaba con los hábitos de ella y los criticaba. Los meses pasaron y Lili y su suegra cada vez discutían y peleaban más.

De acuerdo con una antigua tradición china, la nuera tiene que cuidar a la suegra y obedecerla en todo. Pero, incapaz de soportar el vivir con ella, Lili tomó la decisión de visitar al señor Huang, un amigo de su padre. Después de escucharla, él le entregó un paquete de hierbas y le dijo:

—Deberás darle estas hierbas a tu suegra con las cuales se irá envenenando. No deberás usarlas de una sola vez porque ello causaría sospechas. Pero cada dos o tres días pondrás un poco de estas hierbas en su comida. Sin embargo, para tener certeza de que cuando ella muera nadie sospechará de ti, deberás tener mucho cuidado y actuar de manera muy especial: sé amigable, no discutas y ayúdala a resolver sus problemas. Recuerda que tienes que seguir fielmente todas mis instrucciones.

—Sí, señor Huang —respondió Lili—, haré todo lo que me pide.

Se quedó muy contenta, agradeció a Huang y volvió muy apurada para comenzar el proyecto de liquidar a su suegra.

Pasaron las semanas y, cada dos días, Lili le servía una comida especialmente tratada. Siempre recordaba lo que el señor Huang le había recomendado acerca de evitar sospechas, y así empezó a controlar su temperamento: obedecía a su suegra, se mostraba gentil y la trataba como si fuese su propia madre.

Seis meses después el ambiente de la casa estaba completamente cambiado. Lili había controlado sus emociones y casi nunca peleaban. En esos meses, no habían tenido ni una discusión y ahora Lili parecía mucho más amable y más fácil de tratar. Pero las actitudes de la suegra también cambiaron y ambas pasaron a

tratarse como madre e hija. Un día Lili se apareció muy apurada en la casa del señor Huang, para pedirle ayuda:

—Querido señor Huang, por favor ayúdeme a evitar que el veneno mate a mi suegra. Ella se ha transformado en una mujer agradable y la amo como si fuese mi madre. No quiero que ella muera por causa del veneno que le di.

El señor Huang sonrió y movió la cabeza:

—Lili, no tienes por qué preocuparte. Tú suegra no ha cambiado, la que cambió fuiste tú. Las hierbas que te di en realidad eran para mejorar su salud. El veneno estaba en tu mente, en tu actitud, pero fue sustituido por el amor que empezaste a darle.

❖❖❖

J:—Una vez más, he aquí el poder de las actitudes positivas. Es casi mágico: con un simple cambio de pensamiento, todo el ambiente alrededor se transforma y las cosas se empiezan a ver de manera diferente.

MI:—Creo que esa es la gran enseñanza de esta historia: si pongo auténtico interés en que otra persona cambie, y yo también voy cambiando con afecto y respeto, poco a poco ella va sufriendo una transformación en la dirección en la cual me parece desearlo.

J:—Eso le pasó a Lili: no le tenía amor a su suegra pero en la medida en que fue comportándose gentilmente, ambas empezaron a cambiar: Lili porque empezó a sentir afecto por ella y la suegra porque empezó a ser amable con Lili.

MI:—Esto estimula una reflexión para los padres: ¿cómo pueden cambiar o mejorar las relaciones con sus hijos? Arrojando el veneno negativo de la mente, ofreciendo un afecto cada vez más comprensivo.

BUSCANDO UN MARIDO RICO

Una mujer escribió a la sección de asesoría financiera de una revista especializada pidiendo consejos sobre cómo conseguir un marido rico.

Soy una chica linda —maravillosamente linda— de veinticinco años. Estoy bien formada, tengo buen cuerpo y además tengo clase. Quiero casarme con alguien que gane como mínimo US$100.000 dólares al año. Estuve de novia con hombres que ganan de 20 a 50 mil dólares, pero yo quiero pasar de eso pues esta suma no me permitirá vivir en el mejor barrio y tener los lujos que merezco. A mi clase de yoga va una mujer que no es tan bonita como yo, ni es inteligente, pero se casó con un banquero y vive en Miami. ¿Qué es lo que ella hizo y yo no he hecho? ¿Cómo puedo

llegar al nivel de ella? ¡Por favor, necesito
sus consejos!

Atte: H.S.

Esa petición ya es graciosa, pero lo mejor de la historia es que el asesor de la sección respectiva le dio una respuesta seria y bien fundamentada, en lenguaje económico.

Leí su consulta con gran interés, pensé cuidadosamente en su caso e hice un análisis financiero de su situación. En primer lugar, yo me ofrezco como candidato y no estoy haciéndole perder tiempo, pues gano más de 100 mil dólares por año.

Aclarado esto, considero los hechos de la siguiente forma: lo que usted ofrece, desde la perspectiva de un hombre como el que busca, es simplemente un pésimo negocio. Voy a decirle por qué: dejando los rodeos a un lado, lo que usted propone es un simple negocio en el que usted pone la belleza física y yo pongo el dinero. La propuesta es así de clara, sin ninguna duda.

No obstante, existe un problema: con toda seguridad, su belleza va a decaer y un día va a terminar, pero lo más probable es que mi dinero continúe creciendo. Así, en términos financieros, usted es un activo que sufre depreciación acelerada y yo soy un activo que rinde dividendos y crece. Usted no sólo sufre desvalorización sino que, como ésta es progresiva, ¡aumenta siempre! Le aclaro más: usted tiene hoy veinticinco años y va a continuar siendo linda durante los próximos quince años, pero siempre un poco menos cada año, y de repente, si se compara en el futuro con una foto de hoy, verá que ya estará envejecida.

En términos bursátiles esto quiere decir que usted —como las acciones de la bolsa— está hoy en "baja", es decir, una época ideal para ser vendida, no para ser comprada. Usando el lenguaje que se utiliza en Wall Street, su acción de encuentra en trading position (posición para comercializar), y no en buy and hold (comprar y retener), que es para lo que usted se está ofreciendo. Por lo tanto, todavía en términos comerciales, el matrimonio (que es un buy and hold) no es un buen negocio con usted, ni a *mediano, ni a largo plazo; pero en cambio alquilarla por un tiempo (leasing), puede ser un negocio muy razonable que podemos discutir y ensayar.*

Yo pienso que si me presenta un certificado de cuán bien formada, con clase y maravillosamente linda es, yo probablemente sea un futuro arrendatario (leasing) de ese "activo". En tal sentido le propongo que hagamos lo que, para estos casos, es una práctica habitual: hagamos una prueba, o sea un test drive, *para validar el interés mutuo de concretar una operación a largo plazo. Pero le ofrezco además, como garantía, que si no es exitoso nuestro test de prueba, puedo conseguirle otros candidatos interesados. ¿Cuándo le doy cita en mi agenda?*

Atentamente, R.S.»

❖❖❖

MI:—¡Me parece que se te salió un poco de machismo!

J:—La verdad, a veces con un poco de humor se pueden decir mejor ciertas cosas, por ejemplo, la frivolidad que se está viendo en entre las mujeres jóvenes y bonitas: Conozco varios jóvenes ejecutivos que con franqueza me dicen lo difícil que les resulta hoy en día encontrar una mujer con la cual casarse y establecerse de manera seria.

MI:—Cierto, con esta nueva cultura de la *plutografía*[20] las jóvenes de hoy están derivando sus motivaciones para conseguir pareja en las *cosas*, más no en las *personas*. En el *tener*, no en el *ser*.

J:—También aquí aparece otro fenómeno y es el de que las mujeres creen que van a ser eternamente jóvenes, y yo, con mis ojos de hombre, les digo que por más botox y liposucciones que se hagan, los años son implacables. ¿Díganme si no se le ve la edad a la mujer más hermosa que yo conozco, Catherine Deneuve? Y sin embargo, sigue siendo bella.

---

[20] Esta acepción que hemos acuñado, "plutografía", es una derivación de *plutocracia*, y se refiere a la adicción que se tiene por mirar e imitar a los ricos y famosos. Las publicaciones llamadas "revistas del corazón" explotan esta necesidad y por lo mismo consiguen éxitos editoriales: porque la gente quiere parecerse a aquellos y los imitan en todo tipo de comportamientos, buenos y malos.

MI:—Complementando tu idea, yo siempre he dicho que lo único que en el universo quedó perfectamente repartido es el tiempo: todos nos envejecemos un mes cada treinta días: los ricos, los pobres, los blancos, los negros, los poderosos, los desplazados, todos. ¡Envejecer es una verdadera democracia!

Un CREDO PARA MÍ Y LOS DEMÁS

Tú y yo tenemos una relación que es importante para mí, pero también somos dos personas distintas con nuestros propios valores y necesidades.

Para que conozcamos y comprendamos mejor lo que cada uno de nosotros valora y necesita, seamos siempre abiertos y honestos en nuestra comunicación.

Siempre que me vea privada de la satisfacción de mis necesidades por alguna acción tuya, te lo diré sinceramente y sin culparte por la forma como me he visto afectada, de modo que tengas la oportunidad de modificar tu comportamiento por respeto a mis necesidades. Y quiero que tú seas tan abierto conmigo cuando mi comportamiento también sea inaceptable para ti.

Y cuando tengamos problemas en nuestra relación, pongámonos de acuerdo para resolver cada discrepancia sin usar el poder para ganar, a expensas de que el otro pierda. Siempre buscaremos una solución que satisfaga las necesidades de ambos: así ninguno perderá, ambos ganaremos.

Siempre que tengas un problema en tu vida, yo trataré de escucharte con aceptación y comprensión para ayudarte a encontrar tus propias soluciones en vez de imponerte las mías. Y quiero que tú me escuches cuando necesite encontrar soluciones a mis problemas. Porque la nuestra será una relación que nos permita a ambos llegar a ser lo que somos capaces de ser y estaremos dispuestos a continuar esa mutua relación con interés, preocupación y respeto del uno por el otro.

❖❖❖

MI:—Hemos hallado interesante este texto de Linda Adams, sugerido como la manera de mantener y desarrollar relaciones cada vez más eficaces[21]. Una vez más, las palabras de esta escri-

---

[21] Adams, Linda, *Femineidad eficaz y técnicamente preparada,* 1981, p. 196. Adaptación de JLG.

tora norteamericana proyectan una luz muy notable a la reflexión de las parejas que están dispuestas a procurarse una vida armónica.

J:—Algo mejor, la manera como esta autora nos enseña a manejar las relaciones con los demás se aplica a las relaciones de todo tipo: madre-hijo, maestro-alumno, jefe-colaborador, etcétera. De hecho, los libros de Gordon y Adams van dirigidos a estas parejas.

MI:—Me parece muy importante que recalquemos algo: las relaciones humanas exitosas y satisfactorias no son un misterio y tienen técnicas que se pueden aprender. No estoy hablando de procesos de manipulación, estoy hablando de relaciones sanas para ambas partes, llenas de comprensión y bajo la premisa del gana/gana que muchos ya conocen.

J:—Creo que la habilidad de ser *asertivo* es una de las más importantes para la vida en general. Todas los principios sobre la asertividad se resumen de manera magistral en esta pieza de Adams, sobre todo porque identifica muy bien los problemas míos, los tuyos y los nuestros.

MI:—Ya que hablamos de asertividad, digamos que esta consiste, en pocas palabras, en el derecho fundamental que cada persona tiene de expresarse siempre que con ello no pisotee los derechos de los demás. También tiene derecho a dar a conocer sus necesidades, de decir no y de sentirse satisfecho con sus decisiones[22].

J:—Quiero concluir diciendo: a todos nos gusta vivir bien, en armonía con los demás, sin conflictos ni fricciones innecesarias. Todos buscamos la paz personal, es decir, no sentir culpas ni rencores ni mucho menos deseos de venganza. Todos queremos ser apreciados y respetados, mejor aún, sabernos estimados y amados. ¿Por qué no lo intentamos?

---

[22] Davison, Jeff, *Asertividad,* 1999, p. 4.

EL TREN DE LA VIDA

Una pareja de profesores universitarios almorzaba en un restaurante mientras conversaban sobre asuntos comunes. Ella le contó a su esposo que había leído un libro en el cual se comparaba la vida con un viaje en tren.

Él, muy animado, le siguió preguntando en torno a esta reflexión y ella le dijo:

—Dice el autor que la vida no es más que un viaje por tren, lleno de entradas y de salidas en las diversas estaciones, salpicado de accidentes, de sorpresas agradables en algunos embarques y de profundas tristezas en otros. Al nacer, por ejemplo, nos subimos al tren y descubrimos que algunas personas van a estar siempre con nosotros en este viaje: nuestros padres.

—Lamentablemente, la verdad es otra —dijo el esposo.

—Sí, ellos se bajarán en alguna estación y nos dejarán huérfanos de su cariño, de su amistad y de su compañía irreemplazable. No obstante esto no impide que se suban otras personas muy especiales para nosotros. Llegan hermanos, amigos y algunos amores maravillosos.

—De las personas que viajan en este tren —añadió el esposo—, habrá también aquellos que lo hacen como un simple paseo, y unos más que, circulando por los vagones, estarán siempre listos en ayudar a quien lo necesite.

—Pero habrá también muchos que se bajarán en alguna estación y nos dejarán con la idea de que se fueron inesperadamente —repuso ella—, dejando en nosotros una vaga impresión de añoranza… Y sin embargo, hay otros que pasan tan desapercibidos que ni siquiera nos damos cuenta cuando desocuparon el asiento.

El almuerzo avanzaba y ambos estaban enfrascados en examinar estos conceptos tan interesantes, tratando de ir un poco más allá de los pensamientos del autor. Ella hizo una pausa para probar una deliciosa ensalada, y él prosiguió:

—Podemos seguir por largo tiempo con estos ejemplos.

—Porque el viaje y el paisaje son siempre tan variados, tan llenos de desafíos, de sueños, de renuncias, de fantasías, de esperas y despedidas... pero jamás de regresos. Y un día, puede que sin nuestro consentimiento, el acomodador del tren nos diga que tenemos que bajar pues nuestro boleto sólo llega hasta allí.

❖❖❖

J:—En últimas, esta es la clase de situaciones utilizadas como ejemplo para indicar que la vida es un largo camino que muchos de nosotros recorremos al mismo tiempo, acompañados por otras personas que traen consigo un diferente equipaje de habilidades, deseos y propósitos.

MI:—La moraleja de esta historia consiste en pensar que deberíamos hacer este largo viaje de la mejor manera posible, tratando de relacionarnos bien con todos los pasajeros, buscando en cada uno lo mejor de ellos a efecto de que la travesía se haga agradable y sin demasiados problemas. Me imagino que una buena estrategia vital sería crear espacios de tiempo para vivir bien, en vez de ir en busca de problemas que nos quitan parte de ese valioso tiempo explorando soluciones que a menudo se complican más.

J:—Te recuerdo que la mayor incógnita es no saber en qué estación descenderemos, ni mucho menos dónde se bajarán nuestros compañeros o familiares; ni siquiera adivinar el destino del que está sentado en el asiento de al lado.

MI:—Otros podrán decir que sentirán nostalgia al separarse de los amigos con los que hizo parte del viaje, o de sus hijos cuando sigan solos. Con respecto a éstos, una madre se sentiría feliz de pensar que ella misma ayudó a que el equipaje de ellos tuviese todo lo necesario para que no sufrieran durante la travesía.

VIVIR FELIZ: CONSEJOS DE UN PADRE A SU HIJO

A Tomás

H. Jackson Brown Jr.[23] es un escritor norte-americano que, como padre preocupado por la felicidad de su hijo, le quiso escribir unos simples consejos cuando este se fuera a estudiar a la universidad, lejos de su casa.

Su hijo los leyó y decidió fotocopiarlos para distribuirlos entre sus compañeros de estudio.

---

[23] H. Jackson Brown Jr. es conocido, entre otros, por su libro *Life's Little Instruction Book*, *best seller* según *The New York Times*. Antes de ser escritor, Brown fue director creativo de una agencia de publicidad en Nashville, Estados Unidos. Los libros de Brown de consejos a los padres y las madres fueron tan populares como sus instrucciones para la vida. Uno de ellos, publicado en español por Edivision, es *El pequeño libro tesoro sobre los padres*. Los pensamientos de Brown pueden leerse en www.frasesypensamientos.com.ar/autor/h-jackson-brown.html y en www.21suggestions.com./.

Tuvieron tanto éxito que una editorial le pidió autorización a Brown para editar un libro con ellos. Poco tiempo después, ampliado bajo el título *Vivir feliz*, se convirtió en un *bestseller* traducido a varios idiomas que lleva decenas de ediciones y millones de ejemplares. Contiene muchos recordatorios acerca de la vida, los amigos, las oportunidades y muchos temas más.

Es posible que muchos de estos pequeños pensamientos, o aforismos, ya los hayamos escuchado o leído en otras partes. La internet es un vehículo que ofrece muchas sorpresas y ya deja muy poco por informar. No obstante, nunca sobra transcribir algunas frases de Brown. He aquí una selección.

* *Observa el amanecer por lo menos una vez al año.*

* *Estrecha la mano con firmeza y mira a la gente de frente a los ojos.*

* *Elige a un socio de la misma manera como escogerías un compañero de tenis: busca que sea fuerte donde tú eres débil y viceversa.*

* Desconfía de los fanfarrones: nadie alardea de lo que le sobra.

* Recuerda los cumpleaños de la gente que te importa.

* Evita a las personas negativas; siempre tienen un problema para cada solución.

* Maneja autos que no sean muy caros, pero date el gusto de tener una buena casa.

* Nunca existe una segunda oportunidad para causar una buena primera impresión.

* No hagas comentarios sobre el peso de una persona, ni le digas que está perdiendo el pelo. Ya lo sabe.

* Recuerda que se logra más de las personas por medio del estimulo que del reproche.

* Nunca amenaces si no estás dispuesto a cumplir.

* Muestra respeto extra por las personas que hacen el trabajo más pesado.

* Haz lo que sea correcto, sin importar lo que otros piensen.

* *Dale una mano a tu hijo cada vez que tengas la oportunidad. Llegará el momento en que ya no te dejará hacerlo.*

* *Aprende a mirar a la gente desde sus sandalias y no desde las tuyas.*

* *Ubica tus pretensiones en el marco de tus posibilidades.*

* *Recuerda el viejo proverbio: sin deudas, sin peligro.*

* *No hay nada más difícil que responder a las preguntas de los necios.*

* *Aprende a compartir con los demás y descubre la alegría de ser útil a tu prójimo. El que no vive para servir, no sirve para vivir.*

* *Acude a tus compromisos a tiempo. La puntualidad es el respeto por el tiempo ajeno.*

* *Confía en Dios, pero cierra tu auto con llave.*

* *Recuerda que el gran amor y el gran desafío incluyen también "el gran riesgo".*

* *Nunca confundas riqueza con éxito.*

* *No pierdas nunca el sentido del humor y aprende a reírte de tus propios defectos.*

* *No esperes que otro sepa lo que quieres si no lo dices.*

* *No olvides que el silencio es a veces la mejor respuesta.*

* *No deseches una buena idea porque no te gusta de quien viene.*

* *Nunca compres un colchón barato: nos pasamos la tercera parte nuestra vida encima de él.*

* *No confundas confort con felicidad.*

* *Escucha el doble de lo que hablas. Por eso Dios nos dio dos oídos y una sola boca.*

* *Cuando necesites un consejo profesional, pídelo a profesionales y no a amigos.*

* *Aprende a distinguir quiénes son tus amigos y quiénes son tus enemigos.*

* *Nunca envidies. La envidia es el homenaje que la mediocridad le rinde al talento.*

* Recuerda que la felicidad no es una meta sino un camino: disfruta mientras lo recorres.

* Si no quieres sentirte frustrado, no te pongas metas imposibles.

* La gente más feliz no necesariamente tiene lo mejor de todo.

* Simplemente disfruta al máximo de todo lo que Dios pone en tu camino.

* Cásate con la persona correcta: es la única decisión que determinará el noventa por ciento de tu bienestar o tu infelicidad.

* Da a la gente más de lo que ella espera, y hazlo amablemente.

* Perseverancia, perseverancia, perseverancia.

* Comprométete contigo mismo a un continuo mejoramiento y calidad.

* Entiende que la felicidad no está basada en las posesiones, el poder o el prestigio sino en las relaciones con la gente que uno ama y respeta.

No hagas nada que no haría sentirse orgullosa a tu propia madre.

❖❖❖

J:—Hay autores, como Brown, que reflejan en sus sentencias —muchas ya conocidas— una serie de reflexiones sobre la vida. Posiblemente no puedan compararse con los aforismos del colombiano Nicolás Gómez Dávila, que tienen un alto componente filosófico, pero las frases de Brown permiten recapacitar sobre situaciones ordinarias de la existencia.

MI:—Este sistema de comunicarse con la gente mediante frases sencillas, que contienen un fondo de realidad, es similar al que usamos nosotros a través de historias más amplias para transmitir experiencias nuestras o ajenas. Queda en la mente de los lectores hacer el proceso de cavilación para derivar conclusiones que se puedan aceptar, o desenlaces que se puedan rebatir. Cada uno toma lo suyo. De hecho, tu libro *El pez grande se come al… lento*, de Intermedio Editores (2003), es también un libro de máximas gerenciales.

J:—Hay otros autores literarios como el portugués Melhior Fernandes, o Daniel Samper Pizano a veces, que emplean este método para aprovecharlo con humor, y de esta manera transfieren otra serie de mensajes que a la postre resultan muy divertidos para los lectores.

Mi:—Conozco personas que en ciertos momentos importantes de su vida, en una crisis por un duelo, o cuando están tomando una decisión importante, escriben frases como las anteriores en carteles y las van pegando por toda la casa a fin de recordar y fijar dichas sentencias como parte de sus reflexiones cotidianas. ¿No sería interesante utilizar este método en las habitaciones de los hijos para ayudar a los diálogos con ellos?

LO QUE ESPERAMOS LOS HIJOS DE NUESTROS PADRES

En una reunión de padres de familia, un joven pidió la palabra para leer un escrito que había hecho con varios de sus compañeros. El rector, un poco sorprendido, aceptó la lectura del siguiente documento:

> *Son muchas las ocasiones en las que se escucha a los padres manifestar lo que quisieran de sus hijos cuando crezcan. Por ejemplo, que sean grandes profesionales, exitosos y responsables. Hablando de hoy, que obedezcamos, que ayudemos en la casa, que seamos educados con papá y mamá, y que no nos peleemos con nuestros hermanos; en fin, esperan muchas cosas de nosotros.*

> *Pero alguna vez, desde su perspectiva de padre o madre, ¿ha pensado lo que nosotros, sus hijos o hijas, esperamos de ustedes?*

Compréndannos. Sabemos que ustedes tra-
bajan pero nosotros estudiamos (aunque a
veces no les parezca); no somos multiusos y
también nos cansamos; no somos perfectos
y tenemos errores, pero los tenemos a ustedes
para ayudarnos a mejorar. Nos gustan
cosas diferentes a las que les gustan a uste-
des, porque los tiempos cambian y las cos-
tumbres también. No esperen que nos vis-
tamos como ustedes ni que actuemos como
ustedes; comprendannos, somos diferentes
a ustedes.

Respétennos. Respeten nuestras decisiones
y respeten nuestras opiniones puesto que
unas y otras reflejan nuestra manera de
ser; por lo mismo respeten también nuestras
preferencias. Respeten nuestra privacidad,
pues tenemos derecho a guardar secretos. Y
además respeten nuestros sueños y metas:
tal vez no sean lo que ustedes desean, pero
si los tenemos es porque al menos deseamos
cumplirlos.

Apóyennos. No se imaginan cuanto nece-
sitamos de ustedes, son nuestra fuerza para

*poder cumplir todos esos sueños y deseos.
Apóyennos en lo que elijamos en nuestra
vida, ya sea nuestra carrera, nuestra novia
o novio, nuestros amigos, o en las metas que
nos propongamos. Exprésennos abiertamen-
te ese apoyo y así saldremos adelante con
mayor facilidad.*

*Escúchennos. Escuchen cuando les hable-
mos: no sólo hablen ustedes. Escuchen nuestras historias, pero demuestren sus ganas
de oirnos. Escuchen nuestros problemas e
inquietudes, escuchen nuestros sentimientos, escuchen nuestros reclamos y gritos.
Respeten nuestras alegrías y festejos. Por
más insignificantes que sean las cosas que
les contamos, oígannos, lo necesitamos.*

*Oriéntennos. Tal vez muchas veces lo hayan
intentado y no los hemos aceptado: perdó-
nennos por no hacerlo, pero por favor nunca dejen de aconsejarnos y guiarnos. Ustedes son los de la experiencia, lo reconocemos,
pero no nos obliguen tampoco a seguirlos,
no nos dejen caer y fallar; si nos van a
ayudar para el futuro, y soy terco, cuando*

eso pase jálennos las orejas y póngannos de nuevo en el camino correcto.

Pero lo más importante: sean nuestro ejemplo, nuestro modelo a seguir. No nos exijan cosas que ustedes no dan: no nos exijan paciencia si ustedes nos gritan; no nos exijan respeto si nos insultan y ofenden; no pidan que cumplamos lo que prometemos si ustedes no lo hacen; no nos pidan amor si no nos lo dan; no nos pidan besos y abrazos si lo que recibimos a cambio son gritos y golpes.

Los queremos y mucho, nos encanta que sean nuestros papás y mamás, nos encanta estar con ustedes. Pero así como nos piden cosas, nosotros también se las pedimos y no por venganza sino por necesidad. Los necesitamos, necesitamos de ustedes y de su amor; necesitamos sus besos y sus abrazos, pero también necesitamos que nos dejen volar.

Sabemos que ustedes no son perfectos, nosotros tampoco lo somos. Sabemos que no nos *pueden cumplir todos los caprichos, pero lo material no nos importa. Sabemos que hacen las cosas por nuestro bien y se lo agradecemos. Sabemos que desean lo mejor para nosotros, y también deseamos lo mejor para ustedes. Sabemos que no quieren que suframos, pero de repente es bueno sufrir y tropezar, y tal vez así nos levantaremos más fuertes y venceremos.*

Los queremos mucho y gracias por todo.

❖❖❖

MI:—Me encantó este texto. Los chicos y chicas más o menos desde los ocho años, en la preadolescencia y casi hasta los dieciséis o dieciocho años, están cuestionando mucho la conducta de sus padres. No entienden muchos de sus comportamientos; pero, así mismo, los padres tienen inmensas brechas de comunicación con sus hijos y se dan enormes y dolorosas incomprensiones. Este mensaje figurado de los hijos a los padres nos pone a pensar en que los hijos también son personas.

J:—Lo peor de todo es que las comunicaciones, cuando fallan del lado paterno o materno, se convierten en situaciones de poder, en órdenes perentorias y no en razonamientos. De ahí en adelante la causa está perdida y la interacción se rompe indefectiblemente por algún tiempo. Este texto está basado en hacer el máximo esfuerzo para declinar las situaciones de poder con el objeto de construir una relación mutuamente satisfactoria.

MI:—Sin embargo, he escuchado muchos conceptos de educadores respecto a la famosa frase de los padres: "Yo soy muy buen amigo o amiga de mi hijo". Realmente no es el rol de amigo el que espera un chico en formación de su papá o de su mamá, puesto que un amigo no reprende, no evalúa, no establece límites, no disciplina. Un amigo es complaciente y hasta cómplice, casi nunca recrimina y no se opone a los gustos del amigo.

J:—No había pensado en eso. Realmente la comunicación franca, abierta y de confianza no necesariamente es la de un amigo, es la de los padres con los hijos. En ninguna parte está escrito que las comunicaciones entre ellos deban ser duras, hostiles y agresivas. Pero no se deben confundir los roles con la calidad de la comunicación.

U N DÍA ME VI POR PRIMERA VEZ...

Cierto día me detuve en el espejo de mi baño, y vi a una mujer mayor, sin sueños, con la rutina de toda la vida y me di cuenta que me había levantado quince minutos más temprano. Me había olvidado cuando despertaba hace unos pocos años sonriente y me animaba a mí misma diciendo que ese día sería mejor que el anterior.

Ahora tengo 45 años pero me siento de noventa, desesperada porque no he culminado muchas cosas. Aquellos sueños se quedaron desparramados por la vida sin poderlos realizar por falta de tiempo. Vi mi rostro cansado, mi cuerpo sin vitalidad, mi cabello sin brillo y mi salud descuidada. Y caí en cuenta de algunos hechos que me estaban ocurriendo: mi marido tenía una reunión de trabajo, se fue y ni me avisó; mi hijo de doce años no me obedecía; el de dieciocho me consideraba ridícula porque no soy una madre moderna para él; y mi hija de quince sólo me buscaba cuando necesitaba algo.

Un día nos miramos de reojo en el vidrio de una vitrina y vemos una imagen reflejada que no es la nuestra. Ese día nos vemos recordando la persona que fuimos sepultando lentamente y no hicimos nada para revivirla. La pareja, la familia, los hijos, el gato, el perro, el canario, la casa, las compras, el trabajo, el auto, la limpieza, las camas bien tendidas, el orden... Y allí debajo una mujer que se mueve con amor, con sensibilidad, con vocación, pero quien dejó que lentamente todo la superara; y se quedó allí, en ese lugar, viendo pasar la vida de los otros; en otras palabras, se olvidó de sí misma.

Por eso, a partir de ese día, me dije: seré PRIMERO YO, y lo quiero compartir con ustedes. Nunca es tarde para cambiar: tarde será cuando me muera.

Decidí establecer una rutina de autocuidado y amor para mí misma: me empecé a levantar quince minutos antes, me miraba en el espejo y me decía: ¿te gusta esa mujer o deseas ver otra?

Así empecé y las cosas cambiaron muchísimo. Pero no fue fácil. Me costó levantarme temprano para cepillarme bien el cabello y arreglarme como para ir a trabajar. Renuncié a mi trabajo de diez años, que aún extraño, y empecé a ir al gimnasio; después bajé de peso, cambié mi forma de vestir y hasta mi esposo, asombrado, me invitó un día a cenar para preguntarme si nuestro matrimonio continuaba bien o yo tenía un amante. Me reí y entonces le dije, sin vacilar:

—Sí. Tengo otro amor que me llena completamente... Y ese amor soy yo; soy otra mujer porque soy la mujer "primero yo".

¿Si lo ven? Pensemos que ese cuidado a nosotras mismas y esa dedicación serán la medicina mágica que hará que nuestra autoestima crezca. Si nos despreciamos nada estará bien en nuestra vida. Mi existencia es una piedra preciosa, pero soy la única que puede hacer que se destaque por su brillo, o dejar que se apague para siempre. Por eso quiero decirles a mis amigas que nunca olviden que nadie las amará ni las valorará si ustedes no piensan en ¡PRIMERO YO!

✦✦✦

El texto anterior se basó en la grabación de una mujer que quiso dejar a sus amigas un testimonio verbal de lo que le había sucedido. La pusimos al alcance de los lectores por considerarla interesante para los propósitos de este libro.

MI:—Algo aprendí después de mis cirugías, que tú sabes que fueron verdaderamente difíciles: pase lo que pase, tenemos que aprender a vivir en el cuerpo que nos tocó. El cuerpo cambia y cada vez nos tenemos que ir adaptando a él. Más aún, el cuerpo es el regalo que nos dieron para que en él estuviera nuestro espíritu. Yo no soy mi cuerpo, pero habito en este cuerpo.

J:—Creo que todos deberíamos estar más en contacto con nuestro cuerpo y cuidarlo como cuidamos el automóvil: hay que hacerle revisiones y mantenimiento preventivo e invertirle tiempo y dinero para mantenerlo en buenas condiciones de funcionamiento.

MI:—Por eso me gusta tanto aquella frase que dice: "Como te ven, te tratan". Yo agregaría que la vanidad, en sus justas proporciones, es más un atributo que un defecto, tanto en hombres como en mujeres. Adicionalmente, en mi experiencia como ejecutiva de gestión humana, siempre trabajé con la gente para que su presentación personal reflejara la imagen de la empresa en la que trabajaba. Y no sólo la vestimenta y la pulcritud sino también los modales y el lenguaje en la atención público; y ni se diga los hábitos, usos y maneras de comportarse en una oficina, en una junta directiva, en una ceremonia y hasta en la mesa.

L A ROPA SUCIA

Unos recién casados se mudaron a un barrio muy tranquilo. Tras la primera noche en su nueva casa y cuando se levantaron a desayunar, la mujer observó a través de la ventana que una vecina —a la que todavía no conocía— estaba colgando sus sábanas en el tendedero.

—¡Cómo quedaron de sucias esas sábanas que cuelga aquella mujer! No debe usar un jabón muy bueno. ¡A ver si algún día la encuentro por la escalera y le recomendaré uno mejor! —exclamó, mientras su marido la miraba en silencio.

Y así, cada dos o tres días, la mujer repetía su perorata y sus críticas mientras aquella mujer extendía su ropa para que se secara al sol. Sin embargo, unas semanas más tarde, se sorprendió muchísimo al ver que las sábanas de la vecina caían limpísimas de la cuerda.

—¡Mira! —llamó a su esposo— ¡La señora por fin ha aprendido a lavar, su ropa se ve muy limpia! ¿Quién le habrá enseñado?

—Nadie, cariño —le respondió su marido—. Lo que ocurre es que esta mañana me he levantado antes, para limpiar los cristales de esa ventana que estaban muy sucios.

❖❖❖

MI:—El ejemplo es muy demostrativo: nuestra visión de la vida y de los demás depende de la limpieza de la ventana a través de la cual los observamos. En realidad ésta es una versión ilustrada del conocido proverbio de que la gente no debe fijarse en la paja en el ojo ajeno sino en la viga en el ojo propio.

J:—Pero la moraleja sigue siendo la misma: antes de criticar a los demás, ¿por qué no tratamos de comprobar si tenemos limpio nuestro corazón para poder ver con mayor claridad la bondad que hay en cada persona?

MI:—Si los cristales de mis lentes están sucios, es obvio que veré mal lo que está afuera. Esta es la parte física, material de la historia: la parte imaginaria es la distorsión de una realidad, percibiendo lo que no existe. No son pocas las veces que hacemos juicios sobre la conducta de los demás, sin detenernos a pensar que a menudo nosotros hacemos lo mismo que criticamos.

J:—Eso es más frecuente de lo que parece, por eso cuando lo estamos haciendo, criticando a otros, a veces la gente nos mira con reproche y como diciéndonos: "por qué no te callas: mírate".

MI MAMÁ NO TIENE NOVIO

Cuando tenía diez años, y de visita en la casa de mi tío, me divertía al ver a mi prima mayor prepararse mientras esperaba a su novio: toda contenta se peinaba, se perfumaba y se pintaba los labios, se vestía muy guapa y corría de un lado para otro de la casa arreglando todo con detalle para que "mi amor" no encontrara desorden alguno.

Entonces llegaba el novio oliendo a loción, y cuando se miraban... ¡Ufff!, parecía que flotaran en el aire, se abrazaban con ternura y ella le servía algo de tomar junto con las galletas que le había preparado durante la tarde. Además, él gozaba con todo lo que ella le había cocinado con esmero para cenar. Luego se sentaban a platicar por horas, después de lograr que nosotros, los primitos, desapareciéramos de la sala. Ellos se escuchaban el uno al otro sin perder detalle, ni soltarse de sus manos, hasta que al novio no le quedaba más remedio que despedirse cuando mi tío empezaba a rondar por el pasillo.

Uno de esos días le pregunté a mi mamá:

—¿Cómo se llama tu novio?

—¡Mi novio es tu papá! —me respondió muy sonriente.

—No mami, ¡en serio...!

Pero ella insistió, y así quedaron las cosas.

Me quedé pensando en esa respuesta y empecé a preguntarme: "¿Cómo va a ser mi papá el novio de mi mamá? Primero: él nunca llega con un ramo de flores, ni con chocolates; si le da un regalo a mi mamá es por su cumpleaños y por Navidad, pero nunca he visto que el novio de mi prima le regale una licuadora, o le salga con dinero para que se compre algo. Además, mamá nunca pone cara de Blanca Nieves cuando papá llega del trabajo, ni él sonríe como un Príncipe Azul cuando la mira. Mi mamá no corre a arreglarse el peinado, ni a pintarse los labios al escuchar la llave en la puerta cuando mi papá llega: apenas lo mira para decir 'hola', pues está revisando mis tareas.

"El saludo de mi papá, en vez de 'hola mi vida', era 'hola, ¡que día!' y de inmediato se ponía la peor vestimenta para estar cómodo. En lugar de '¿qué quieres para cenar?', mi mamá le preguntaba, ansiosa: 'Qué, ¿quieres cenar?'; y cuando pensaba que papá le iba a decir 'qué bonita te ves hoy', más bien le preguntaba '¿viste donde quedó el control de la televisión?'".

Los novios se dicen cosas románticas como "¡cuánto te amo!", en vez de "¿fuiste al banco?". Mi prima y su novio no podían dejar de mirarse, pero cuando mamá pasaba delante de papá, él inclina la cabeza para no perder detalle de lo que veía en la tele. A veces, papá le daba por detrás un abrazo sorpresa a mi mamá, pero ella se zafaba diciendo que estaba de afán. Mis padres sólo se daban la mano cuando en misa el sacerdote decía: "Dense fraternalmente la paz".

La verdad —pensaba entonces— es que mi mamá no tiene novio y mi papá no tiene novia. Qué aburrido... ¡sólo son esposos!

◆◆◆

J:—Estos pensamientos de una niña que observaba con detalle lo que ocurría alrededor de su casa, son un verdadero reflejo de lo que son las rutinas en los matrimonios. Ninguna novedad, ninguna iniciativa sugerente, sólo el automatismo que ofrece el paso de los años.

MI:—Se ha perdido la ilusión, el desgaste se ve a la distancia, la costumbre no deja ningún campo a las sorpresas. Es preciso crear y mantener rutinas positivas que le cierren el paso a este desgaste y que enriquezcan la relación, antes que se termine irremediablemente.

J:—Recuerdo aquella anécdota en la que los sentimientos se reunieron a ver cuál podía matar al amor; cada uno de ellos, el odio, la ambición, el mal carácter, la grosería, en fin, todos, le hicieron la guerra al amor y sólo uno lo logró matarlo: la rutina.

MI:—Por ejemplo, las rutinas positivas son buenas en tanto sean útiles para manejar la logística de la casa; pero son malas cuando hacen tan predecibles los comportamientos que ya no les damos ningún valor y llegan a pasar desapercibidas.

J:—Pero las rutinas amables como los besos de saludo y despedida, las pequeñas atenciones en

casa, las colaboraciones espontáneas sobre tareas, llevar flores o sentarse de la mano a ver
televisión, a veces se van perdiendo y anulando
el afecto y la alegría en los hogares.

AMIGAS Y ALGO MÁS

Una joven esposa estaba sentada en un sofá, bebiendo té helado y charlando con su madre. Mientras hablaban sobre la vida, el matrimonio, las responsabilidades y las obligaciones de la adultez, la madre hizo tintinear los cubitos en el vaso y miró a su hija seriamente.

—Hija, pero nunca te olvides de tus amigas —le advirtió—, ¡ellas se volverán importantes a medida que madures! No importa cuánto quieras a tu marido y a tus hijos, siempre necesitarás a tus amigas. Recuerda salir y hacer cosas con ellas. Y me refiero no solamente tus amigas, sino también tus hermanas, tus hijas y otros parientes: son la familia que te permites elegir. Necesitarás otras mujeres, siempre las necesitarás.

"Qué extraño consejo —pensó la joven—, acabo de casarme y de entrar en el mundo adulto, no soy una niñita que necesita amigas. Seguramente mi marido y mi futura familia serán suficientes para darle sentido a mi vida".

Sin embargo, escuchó a su madre, se mantuvo en contacto con ellas e hizo cada vez más amigas. Poco a poco se fue dando cuenta que su madre tenía razón. A medida que el tiempo y la edad producen sus cambios y misterios en la mujer, las amigas son indispensables en la vida. Cuidan a tus hijos y guardan tus secretos; te dan consejo cuando lo pides, que a veces sigues y a veces no; te sacan de apuros; te ayudan a dejar las malas relaciones; harán una fiesta para tus hijos cuando se casen o tengan un bebé; manejan bajo la lluvia, o en la madrugada para ir a ayudarte...

En efecto, las amigas te escuchan cuando pierdes el trabajo o cuando riñes con un amigo; te oyen cuando tus hijos se pelean contigo o te defraudan; te escuchan cuando tus padres fallan. Por lo general, lloran contigo cuando muere alguien que amas. Pero además, te consuelan cuando los hombres empacan y se van. En otras palabras, se alegran con tu felicidad y están listas a colaborar contigo cuando aparecen ciertos momentos de desdicha.

A medida que la vida pasa y los niños crecen, también el amor se evapora, los corazones se rompen, las carreras profesionales terminan, los trabajos vienen y van, los padres mueren, los colegas olvidan los favores, los hombres no llaman cuando prometen... Y no obstante, las amigas y los amigos están ahí: porque no importa el tiempo ni la distancia, una amiga o un amigo nunca está tan lejos que no los podamos encontrar...

❖❖❖

J:—¿Realmente tú has sentido esa necesidad de amigas?

MI:—Creo que durante todas las etapas de mi vida las amigas han sido un referente muy importante. Las amigas cambian según las épocas: las del colegio, de la universidad, las de los trabajos, las de la vida adulta. Cada etapa tiene sus amigas y sólo algunas se conservan por décadas.

J:—Ahora que tú lo dices, me parece que en las mujeres hay una mayor tendencia a perdurar en las relaciones de amistad, que lo que pasa con los hombres. Para nosotros los amigos son más circunstanciales: unos son los amigos de juego, otros los amigos intelectuales, otros los amigos de familia, otros los amigos por aficiones comunes; pero casi nunca son amistades que abarquen todos esos ámbitos. Veo que las mujeres son capaces de hacer unas relaciones más cooperativas, en cambio las de los hombres por lo general tienden a ser competitivas.

MI:—He observado que una de las mayores soledades de una mujer es la falta de amigas. Llegar a la madurez sin amigas nos hace sentir muy solas.

J:—Sin embargo, insistiría que el arte es saber conservar un amigo.

Más bonitas que las pecas

Sucedió un día que estaba con mi hija en el zoológico y al pasar por un sendero pudimos ser testigos de un diálogo entre una abuela con su nieta, cuyo rostro estaba salpicado de pecas rojas y brillantes. Otros padres y otros niños estaban esperando en una fila para que un artista les pintase sus caritas con flores y muñecos.

—¡Tienes tantas pecas que él no va a tener donde pintar! —le gritó un niño de la fila en tono burlón.

Sin verle la gracia, la niña bajó su cabecita. La abuela se agachó y le dijo al oído:

—Adoro tus pecas.

—¡Pero yo las detesto! —respondió la niña, con un gesto de malhumor.

—Cuando yo era niña siempre quise tener pecas —le dijo pasando el dedo por la cara de la nieta—. ¡Las pecas son tan bonitas!

La niña levantó el rostro.

—¿De veras tú crees que lo son?

—¡Claro! Dime una cosa más bonita **que las** pecas.

La pequeña, mirando el rostro sonriente de la abuelita, respondió al punto:

—¡Las arrugas!

❖❖❖

MI:—Esta historia nos dice que si vemos a los otros con ojos llenos de amor, el afecto hará desaparecer los defectos.

J:—Lo cual se puede completar con esta bella frase del novelista norteamericano, Mark Twain: "Las arrugas deberían ser simplemente las **huellas** de la sonrisas".

MI:—No obstante, es propicio el momento para tocar el tema de la eterna juventud. Ser viejo no es tener arrugas; ser viejo es no poder sonreír porque "se me daña el botox o la cirugía". Me niego a seguir el juego de que las mujeres tenemos que ser eternamente bellas, y que la belleza y la edad no son compatibles. ¿Por qué no puede una mujer vieja ser bella como es, naturalmente? Dónde están los cánones de belleza: ¿en la realidad o en la chequera de los cirujanos? Una cosa es cuidarse, ser vanidosa, consentirse, mantenerse saludable, y otra cosa es ser esclava de unos parámetros de belleza postizos.

J:—Creo que también los hombres somos un poco culpables cuando les hacemos sentir a nuestras parejas que "ellas" están envejeciendo, como si el tiempo no pasara también para nosotros y nuestros cuerpos...

GRITOS Y SUSURROS

Un día, un maestro preguntó:

—¿Por qué las personas se gritan cuando están enojadas?

Los alumnos pensaron unos momentos y respondieron:

—Porque perdemos la calma —dijo uno—, por eso gritamos.

—Pero, ¿por qué debemos gritar cuando la persona está a tu lado? —preguntó nuevamente el maestro—. ¿No es posible hablar en voz baja? ¿Por qué tienen que gritar cuando están enojados?

Nuevamente se oyeron otras respuestas, aunque ninguna de ellas dejó satisfecho al maestro. Entonces se puso de pie, salió al centro del salón y explicó:

—Cuando dos personas están enojadas, sus corazones se alejan mucho. Para hacerse escuchar ellas gritan a fin de cubrir esa gran distancia. Mientras más irritados estén, más fuerte deberán levantar la voz.

Enseguida preguntó:

—¿Qué sucede en cambio cuando dos personas están enamoradas? Ellas no se gritan, sino que se hablan suavemente. ¿Por qué? Porque sus corazones están tan cerca que la distancia entre ellos es muy pequeña. Cuando están aún más enamorados ¿qué sucede? Ellos no hablan, sólo se susurran y se acercan cada vez más. Al final, ni siquiera necesitan susurrar. Sólo se miran a los ojos, y eso es todo...

❖❖❖

J:—Ésta es una de las más bellas historias sobre las comunicaciones y el afecto. No sólo aplica a quienes están enamorados sino también a las relaciones en la familia: las frases en voz alta y los gritos son recursos temperamentales para coaccionar los sentimientos de las otras personas; es una cierta forma de censura para que el otro no hable, e impedirle la expresión de lo suyo.

MI:—Casi podría decirse, en efecto, que el grito es un intento de anular al otro. Después de ese efecto, no es fácil recuperar el hilo perdido de la comunicación entre dos personas porque la herida producida por el reclamo (o a veces, casi un bramido) es penetrante y a veces imperdonable.

J:—Más grave aún cuando los gritos van acompañados de eso que nosotros llamamos críticas o *palabras piedra*, es decir, vocablos evaluativos del comportamiento del otro que (cómo su nombre lo indica) pegan como rocas en el alma de los demás. No nos cansaremos en este libro de repetir dicho caso.

MI:—En efecto, no es lo mismo que me digan "irresponsable" a que me digan "creo que tú tienes que hacer un esfuerzo para cumplir con tus deberes a tiempo". Si bien la primera palabra es fácil y rápida, sus efectos son rotundos y humillantes. Conozco una pareja que, en medio de una discusión, se lanzaron tantas, que la reparación de ese matrimonio ha sido imposible hasta ahora. Cada vez que hay un intento de reconciliación, uno de ellos le dice al otro: "¿Es que no te acuerdas cuando me dijiste...?" En ese momento, empiezan de nuevo los reproches.

J:—Algo mejor, me doy cuenta que usaste una sola palabra, "irresponsable" luego la convertiste en una frase de quince palabras. Estoy seguro que los efectos de *una* palabra son más nocivos que las *quince* que usaste después. Imaginemos el impacto que una *palabra piedra* produce en un hijo, al punto de saber que la recordará toda la vida. Si haces el canje de quince palabras por una, verás que los resultados son notables.

ANTIGUAS IDEAS SOBRE LA MUJER[24]

A la vista de estos textos antiguos que traemos a colación, es evidente lo difícil que ha sido para las mujeres conseguir la casi igualdad con el hombre. Desgraciadamente, en algunas culturas las mujeres continúan en la misma situación que describen estos escritos milenarios. Hoy parecen burlas, e incluso uno puede sonreír con estupor, pero mucha parte de ellos al parecer fueron reales.

* Cuando una mujer tuviera una conducta desordenada y dejara de cumplir sus obligaciones del hogar, el marido puede someterla y esclavi-

---

[24] Los siguientes son pensamientos atribuidos a las fuentes allí mencionadas, y circulan por internet. No podemos dar fe de cada una de ellas, pero es interesante presumir conceptos similares en diferentes civilizaciones que reflejaban los roles de sometimiento y sumisión de las mujeres, como da cuenta de ello la misma historia.

zarla. Esta servidumbre puede, incluso, ejercerse en la casa de un acreedor del marido y, durante el período en que durase, le es lícito al marido contraer un nuevo matrimonio.

Código de Hamurabi (código civil de la antigua Babilonia, determinado por el rey Hamurabi, siglo XVII a.C.).

* La mujer debe adorar al hombre como a un dios. Cada mañana debe arrodillarse, nueve veces consecutivas, a los pies del marido y, con los brazos cruzados preguntarle: ¿Señor, que deseáis que haga?

Zaratustra (filósofo persa, siglo VII a.C).

* Aunque la conducta del marido sea censurable, aunque éste se dé a otros amores, la mujer virtuosa debe reverenciarlo como a un dios. Durante la infancia, una mujer debe depender de su padre; al casarse, de su marido; si éste muere, de sus hijos; y si no los tuviera, de su soberano. Una mujer nunca debe gobernarse a sí misma.

Leyes de Manu (libro sagrado de la India).

* La naturaleza sólo hace mujeres cuando no puede hacer hombres. La mujer es, por tanto, un hombre inferior.

Aristóteles (filósofo giego, guía intelectual y preceptor de Alejandro Magno, siglo IV a.C.).

Que las mujeres estén calladas en las iglesias, porque no les es permitido hablar. Si quisieran ser instruidas sobre algún punto, pregunten en casa a sus maridos.
San Pablo (apóstol cristiano, año 67 d.C.).

Los hombres son superiores a las mujeres porque Alá les otorgó la primacía sobre ellas. Por lo tanto, dio a los varones el doble de lo que les dio a las mujeres. Los maridos que sufrieran desobediencia de sus mujeres pueden castigarlas, abandonarlas en sus lechos e incluso golpearlas. No se legó al hombre mayor calamidad que la mujer.
El Corán (libro sagrado de los musulmanes, recitado por Alá a Mahoma en el siglo VI).

Cuando un hombre fuera reprendido en público por una mujer, tiene derecho a golpearla con el puño, el pié y romperle la nariz para que así, desfigurada, no se deje ver, avergonzada de su faz. Y le está bien merecido, por dirigirse al hombre con maldad y lenguaje osado.

Le Ménagier de Paris (tratado de conducta moral y costumbres de Francia, siglo XIV).

Los niños, los idiotas, los lunáticos y las mujeres no pueden y no tienen capacidad para efectuar negocios.

Enrique VII (rey de Inglaterra, jefe de la iglesia anglicana, siglo XVI).

El peor adorno que una mujer puede usar es ser sabia.

Lutero (teólogo alemán, reformador protestante, siglo XVI).

Todas las mujeres que sedujeran y llevaran al matrimonio a los súbditos de Su Majestad mediante el uso de perfumes, pinturas, dientes postizos, pelucas y relleno en caderas y pechos, incurrirán en delito de brujería y el casamiento quedaría automáticamente anulado.

Constitución nacional inglesa (ley del siglo XVIII).

¿QUÉ EDAD TIENES, ABUELA?

Una tarde, un nieto estaba charlando con su abuela sobre los acontecimientos actuales. Entonces, el chico preguntó:

—¿Qué edad tienes abuela?

La abuela respondió:

—Bueno, déjame pensar un minuto... A ver: nací antes de la llegada de la televisión, de las vacunas contra la polio, de las comidas congeladas, de la fotocopiadora, de los lentes de contacto, de la píldora anticonceptiva y del *freesbee*. No existían entonces las tarjetas de crédito, el rayo láser o los patines en línea. En mi casa paterna no había aire acondicionado, lavavajillas o secadora pues la ropa se ponía a secar al aire fresco. En esa época "gay" era una palabra respetable en inglés, que significaba una persona contenta, alegre, y no el homosexual, al que entonces cariñosamente llamábamos "loca". De lesbianas nunca habíamos oído hablar y los muchachos no usaban aretes. Creíamos que la comida rápida era lo que la gente comía cuando estaba apurada. Tu abuelo y yo nos casamos y en cada familia había un papá y una mamá. El hombre todavía no había llegado a la Luna y no existían los aviones jet para pasajeros. Nací antes de la computadora, las dobles carreras universitarias, las terapias de grupo y los ingenieros de sistemas. Hasta que cumplí veinticinco, llamé a cada policía y a cada hombre "señor", y a cada mujer "señora" o "señorita". En mis tiempos la virginidad no producía cáncer y "tener una relación" era llevarse bien con los primos. Nuestras vidas estaban gobernadas por los diez mandamientos, el buen juicio y el sentido común. Nos enseñaron a diferenciar entre el bien y el mal y a ser responsables de nuestros actos. Cuando yo nací no existían los cajeros automáticos, las máquinas de helado, los radio reloj despertador, ni los hornos de microondas, para no hablar de los video cassettes, ni las filmadoras de video, ni mucho menos los celulares o los blackberry. Si en algo decía "made in Japan", se le consideraba una porquería, y no existía "made in China". No se había oído hablar de Pizza Hut, de McDonald´s, del café instantáneo, ni de los azúcares artificiales. Había tiendas donde se compraban cosas por centavos: los helados, las llamadas telefónicas, los pasajes de autobús y la Pepsi. En mi tiempo, "hierba" era algo que se cortaba en los jardines, y no se fumaba; "coca" era una gaseosa, y la música rock era la que hacía la mecedora de la abuela. "Chip" significaba un pedazo de madera, "hardware" era la ferretería y el "software" no existía. Fuimos la última generación que creyó que una señora necesitaba un marido para tener un hijo. Ahora dime, ¿cuántos años crees que tengo?

—¡Más de cien!

—No, mi amor... ¡solamente sesenta!

❖❖❖

MI:—Muy buen ejemplo, ¡espero que no sea nada personal! Los avances tecnológicos y científicos son de tal manera vertiginosos que las diferencias entre las generaciones parece que se agrandaran cada vez más. Pero detrás del simple cambio en las máquinas, los artefactos y las cosas, hay cambios profundos en el lenguaje, en las costumbres, en las actitudes hacia la vida que hacen cada vez mas marcada la brecha entre los jóvenes y las personas mayores.

J:—Ese mismo cambio se advierte en la manera como se percibe el papel de las mujeres en la sociedad contemporánea. En especial en las altas clases sociales ha subido mucho la valoración de las mujeres; pero no ocurre lo mismo en los estratos más bajos, y en ello hay un enorme vacío en nuestro sistema educativo. El papel de Florence Thomas[25], y de muchas mujeres como ella, ha sido notable para romper viejos esquemas y promover una mirada distinta desde el mundo masculino.

MI:—Tu alusión al movimiento feminista me recuerda que hace apenas sesenta años pocas mujeres alcanzaban a terminar la educación básica completa. La universidad era por lo general exclusiva para los hombres y ni qué decir de las oportunidades laborales. Algunas mujeres

---

[25] Florence Thomas nació en Rouen, Francia. Es psicóloga y magíster en Psicología Social de la Universidad de París. Desde 1967 se encuentra vinculada a la Universidad Nacional de Colombia como profesora titular y emérita del departamento de Psicología; y desde 1985 es coordinadora del Grupo Mujer y Sociedad del mismo centro docente.

trabajaban fuera de la casa como maestras o dependientes de almacenes y tiendas, casi siempre de la familia.

J:—Ni hablar de los derechos civiles como el derecho al voto. La participación en la vida política era de mujeres muy osadas como María Cano en nuestro medio, pero casi siempre eran mal vistas por las demás mujeres.

MI:—Vale la pena dar las gracias a tantas pioneras que tomaron la reivindicación nuestra en la sociedad como una misión vital. Gracias a ellas, en muy corto tiempo somos ciudadanas de pleno derecho y nos movemos por el mundo en igualdad de condiciones, en muchos casos. Sin embargo, queda por trabajar la equidad en los salarios, el derecho a decidir la maternidad con libertad, y otros temas más profundos.

LA IMPORTANCIA DE SER

Había una vez, en un lugar y en un tiempo que podría ser cualquiera, un hermoso huerto con manzanos, naranjos, perales y bellísimos rosales, todos ellos felices y satisfechos.

Todo era alegría en el huerto, excepto por un árbol que estaba profundamente triste. El pobre tenía un problema: no sabía quién era. El manzano le decía:

—Lo que te falta es concentración; si realmente lo intentas, podrás tener sabrosas manzanas, es muy fácil.

El rosal le decía:

—No le escuches. Es más sencillo tener rosas, y son más bonitas.

El pobre árbol, desesperado, intentaba todo lo que le sugerían; pero como no lograba ser como los demás, se sentía cada vez más frustrado. Un día llegó hasta el huerto un búho, la más sabia de las aves, y al ver la desesperación del árbol, exclamó:

—No te preocupes, tu problema no es tan grave, es el mismo de muchísimos seres sobre la tierra. No dediques tu vida a ser como los demás quieran que seas. Sé tu mismo, conócete, y para lograrlo, escucha tu voz interior.

Y dicho esto, el búho salió volando.

—¿Mi voz interior? ¿Ser yo mismo? ¿Conocerme? —se preguntaba el árbol exasperado al recordar las palabras del sabio búho.

Entonces, de pronto, comprendió. Y cerrando los ojos y los oídos, abrió el corazón, y por fin pudo escuchar su voz interior diciéndole: "Tú jamás darás manzanas porque no eres un manzano, ni florecerás cada primavera porque no eres un rosal. Eres un roble y tu destino es crecer grande y majestuoso, dar cobijo a las aves, sombra a los viajeros, y belleza al paisaje. Luego serás una preciosa madera con la cual los artesanos harán cunas para niños y bellos cofres para guardar riquezas y joyas. Tienes una misión, cúmplela".

Y el árbol se sintió fuerte y seguro de sí mismo y se dispuso a ser todo aquello para lo cual estaba destinado. De esta manera, muy pronto fue admirado y respetado por todos.

Y sólo entonces el huerto se llenó de bienestar[26].

❖❖❖

J:—«Yo me pregunto, al ver a mi alrededor, ¿cuántos serán robles que no se permiten a sí mismos crecer? ¿Cuántos serán rosales que, por miedo al reto, sólo dan espinas? ¿Cuántos, naranjos que no saben florecer? En la vida, todos tenemos un destino que cumplir, un espacio que llenar. No permitamos que nada ni nadie nos impida conocer y compartir la maravillosa esencia de nuestro ser». Esta reflexión de la propia autora de esta historia es muy ilustrativa de las dificultades que a veces tenemos para llegar a conocernos y aceptarnos a nosotros mismos.

MI:—Una falsedad de la vida es cuando queremos ser como los demás. Como dice el refrán español, "El jardín del vecino siempre nos parece más florido". Pero es *su* jardín, no el nuestro. Las incertidumbres del roble son las mismas incerti-

---

[26] Texto adaptado del libro *Gritos de papel,* de la mexicana Carmina Cisneros. Autorizado expresamente su publicación por la autora. Ella es una exitosa empresaria de empresas multinivel.

dumbres de muchos que no quieren saber nada de sí mismos.

J:—Sin embargo, lo más difícil de todo es lo que los griegos consideraban la verdadera sabiduría: conocerse a sí mismo. Las personas hoy en día, sobre todo en las ciudades, viven llenas de ruidos, de quehaceres, de tareas, de trabajos, de atascos de tránsito, de celulares, de mp3, en fin, de todo tipo de interferencias. En medio de semejante atropello vital, casi nadie se toma un tiempo mínimo para estar en silencio, consigo mismo.

MI:—Tienes razón, mientras más conocemos diferentes tendencias de las ciencias médicas y psicológicas modernas, más se rescata la idea de que es necesario tener siquiera veinte minutos diarios de *no hacer nada* para poder mirarnos por dentro. Ese diálogo interior "yo-con-yo", es absolutamente sanador, refrescante, ayuda a evitar el estrés y permite retomar el rumbo. El roble sólo escuchó a su corazón cuando pudo hacer ese diálogo interior.

Mujerón

Estaban dos amigos conversando sobre lo que es un "mujerón". Uno de ellos empieza a referir lo que para él significaba esa expresión. Describió los senos, la cintura, los labios, las piernas, y el color de los ojos. Afirmaba que un mujerón tiene que ser de mínimo 1,80 de estatura, de grandes senos y con una sonrisa perfecta. Mujerones, dentro de ese concepto, no existen muchas, y citó algunas de ellas de distintas épocas: Marylin Monroe, Silvia Pinal, Sofía Loren, Pamela Anderson, Claudia Schiffer, Sofía Vergara, entre otras.

—Y para ti, ¿cómo debería ser un mujerón? —le pregunta a su amigo.

Y el otro, meditando un poco, sorprende a su amigo con la siguiente descripción:

—Para mí, un "mujerón" es la aquella que toma dos buses para ir a su trabajo y dos más para regresar. Que cuando llega a su casa, encuentra un cesto de ropa para lavar, los deberes de los niños para revisar y una familia hambrienta para alimentar.

”Un 'mujerón' es aquella que sabe ser esposa, amante, madre, hija, hermana, amiga, consejera, guía, apoyo y mucho más. Un "mujerón" es la empresaria que administra decenas de empleados de lunes a viernes y una familia todos los días de la semana. Un 'mujerón' es aquella que, sin necesidad de un hombre a su lado, sabe ser padre y madre dando de sí todo lo mejor de su vida para cada uno de sus hijos.

”Un 'mujerón' es aquella que regresa del supermercado con varias bolsas después de haber comparado precios y hacer malabarismos con el presupuesto. Un 'mujerón' es aquella que se maquilla, hace dieta y ejercicios, viste con elegancia, se arregla el cabello y las uñas, usa sugestiva lencería y se perfuma sin tener ninguna invitación para ser portada de revista. Es aquella que lleva los niños al colegio, a las clases de natación, de karate, de música, a fiestecitas y los va a buscar; los lleva a la cama, les cuenta historias, reza con ellos, les da un beso y apaga la luz. Un 'mujerón' es aquella madre del adolescente que no duerme mientras éste no llega sano y salvo a casa, y que bien temprano por la mañana ya está levantada para continuar su vida con una sonrisa de amor.

"Un 'mujerón' es aquella que sabe dónde está cada cosa, lo que cada hijo siente, cuál es el mejor remedio para la acidez, para los deditos magullados y para las pesadillas. Un 'mujerón' es aquella que sorprende a su esposo o pareja con lo que le gusta y que trata de hacer de la vida en común ¡una eterna luna de miel!"

❖❖❖

El autor anónimo del presente texto lo dedicó a todas sus amigas que son un "mujerón", y a sus amigos que tienen un "mujerón" en casa y tal vez han dejado de verla como tal. Aunque abunda en halagos, es una muestra ingeniosa de la percepción positiva que algunos hombres tienen de sus compañeras.

J:—Esa larga lista de obligaciones y deberes me lleva a pensar en la famosa "mujer maravilla". ¿Será que estamos esperando o exigiendo mucho a las mujeres?

MI:—Sin embargo, yo he meditado mucho en dos categorías de roles de las mujeres: unos son los roles recibidos y otros son los escogidos. Veamos: una mujer en su edad adulta puede tener responsabilidades por más de veinte roles. Simultáneamente puede ser: madre, ama de casa, hija, hermana, cuñada, tía; trabajadora, jefe, compañera, subalterna o colaboradora; esposa, amiga, socia y anfitriona; ciudadana, cliente, compradora, conductora...

J:—Te sigo. Entonces muchos de esos roles no son escogidos por la persona, son recibidos. Sobre esos roles recibidos no hay mucho qué hacer pues las obligaciones como ciudadana o como hija te llegaron. No fueron roles escogidos por ti y debes cumplir tu porción de responsabilidades en ello.

MI:—Pero en cambio hay unos roles que yo sí escogí: esposa, madre, trabajadora, amiga, nuera, etcétera. Como quien dice: yo me apunté a esa rifa y me la gané. Por lo tanto, cada persona, hombre o mujer, tiene que evaluar las responsabilidades derivadas de cada uno de esos roles escogidos. Cumplirlos bien o no, es su decisión.

J:—"Mujerón", como lo plantea el segundo amigo de esta historia, es algo más que la mujer bella y

despampanante; es la que asume con responsabilidad tanto los roles que recibió como los que
escogió. Esta mujer hace un balance entre ellos
de manera coherente.

H A SIDO UN BUEN DÍA

Un profesor se encontró debatiendo frente de un grupo de jóvenes que estaban en contra del matrimonio. Entre otras cosas, los muchachos argumentaban que el romanticismo ya no era el verdadero sustento de las parejas, y que parecía preferible acabar con una relación cuando aquél se apagaba, en lugar de entrar a la monotonía del matrimonio.

El profesor los escuchó pacientemente, les dijo que respetaba sus opiniones, y enseguida les relató lo siguiente:

—Mis padres cumplieron cincuenta años de casados. Una mañana que mi madre bajaba las escaleras para prepararle a mi padre el desayuno, sufrió un infarto y cayó al suelo. Él la levantó como pudo y a rastras la subió a la camioneta; a toda velocidad, casi sin respetar los semáforos, condujo hasta el hospital. Cuando llegó, por desgracia ella había fallecido. Durante el sepelio, mi padre no habló, ni lloró, más bien andaba con su mirada perdida.

"Esa noche todos sus hijos nos reunimos en torno a él. En un ambiente de dolor y nostalgia recordamos hermosas anécdotas de nuestra vida familiar. En algún momento, él le pidió a mi hermana que le dijera donde estaría mi madre en ese momento. Mi hermana comenzó a hablar de la vida después de la muerte, mientras mi padre la escuchaba con gran atención.

"Súbitamente se puso de pié y nos pidió: 'Por favor, llévenme al cementerio'. 'Papá —le respondimos—, ¡son las once de la noche, no podemos ir al cementerio ahora!'.

"Alzó la mirada y con voz gangosa, pero firme, respondió: 'No discutan conmigo, por favor. No discutan con el hombre que acaba de perder a la que fue su esposa por cincuenta años'. En ese instante se produjo un momento de respetuoso silencio.

"Desde luego que no discutimos más. Fuimos al cementerio, pedimos permiso al celador y, con una linterna, llegamos hasta la tumba. Mi padre acarició la tierra, sollozó en silencio y luego se volvió a nosotros y nos dijo: 'Fueron cincuenta buenos años ¿saben? Nadie puede hablar del amor verdadero si no tiene idea de lo que es compartir la vida con una mujer así'. Hizo una pausa y, mientras se limpiaba las lágrimas, prosiguió. 'Ella y yo estuvimos juntos en muchas crisis, y en los cambios de empleo; hicimos el equipaje cuando vendimos la casa y nos mudamos de ciudad; compartimos la alegría de verlos a ustedes terminar sus carreras; lloramos uno al lado del otro la partida de seres queridos; rezamos juntos en la sala de espera de algunos hospitales; nos apoyamos en el dolor, nos abrazamos en cada Navidad y también perdonamos nuestros errores. Hijos, ahora que ella se ha ido estoy contento. Y ¿saben por qué? Porque se fue antes que yo; no tuvo que vivir la agonía y el dolor de enterrarme y quedarse sola después de mi partida. Fui yo quien pasó por este momento. La amo tanto que no me hubiera gustado que sufriera...'

"Cuando mi padre terminó de hablar, todos nosotros teníamos el rostro empapado en lágrimas. Lo abrazamos y él nos consoló diciendo: 'Todo está bien hijos, podemos irnos a casa; ha sido un buen día'. Esa noche entendí lo que es el verdadero amor. Creo que dista mucho del romanticismo, no tiene que ver demasiado con el erotismo, y más bien se relaciona con el cuidado que se profesan dos personas realmente comprometidas".

Cuando el maestro terminó de hablar, los jóvenes universitarios no dijeron nada. Ese tipo de amor no calzaba en sus definiciones y más bien era un sentimiento que, hasta ese momento, ellos no conocían.

❖❖❖

MI:—¿Te das cuenta que el balance de la vida con frecuencia se hace cuando se está frente a la muerte?

J:—Es un poco pesimista pensar así. Quisiera suponer que el cuento no acaba ahí. Que al salir del cementerio la hermana le dice a su padre que esa descripción de las cosas que vivieron juntos era, más que todo, un canto a la vida. Todas esas cosas que hicieron juntos los unía más y les daban sentido a las decisiones que tomaban de común acuerdo. Por eso la evocación es feliz pero nostálgica.

MI:—Una de las cosas que más me inspira esta lectura es el hecho que este señor describe: realmente cuando dos personas se vuelven pareja, y tienen claros los motivos por los cuales hacen lo que hacen, no solamente consiguen ser un marido y una mujer. Consiguen un "socio" para caminar por la vida. Este señor y su esposa construyeron un camino para recorrerlo juntos, un trayecto lleno de alegrías y dificultades, pero al fin y al cabo, un viaje con principio y final.

J:—Digámoslo de otra manera: cuando una pareja decide convertirse en sociedad, asumen un tercer papel para comenzar una aventura. Como la carretera de la vida está llena de huecos, los nuevos socios van salvando los obstáculos del camino, pacientemente, bache por bache, de tal modo que se eviten las sorpresas y se encuentre siempre la mejor forma de enfrentar los desafíos. En este proceso de comunicación permanente hay mucho trabajo y debe existir mucha comprensión.

MI:—Sin embargo, cada uno tiene que estar preparado para dejar ir al otro. Óigase bien: dejarlo ir. Ese es también un aprendizaje en la vida. Es como cuando tú y yo viajamos juntos: a veces hago una sola maleta para los dos o hago dos maletas más pequeñas, una para cada uno. Creo que el segundo sistema es mejor: cada uno debería tener su maleta, y en ella sus cosas, sus tiquetes, sus utensilios personales. Sin embargo, debemos darnos la mano para subir al autobús, para bajar unas escaleras pendientes o cuidar juntos el equipaje en el aeropuerto.

J:—Eso me lleva a pensar lo extraño que es ver partir a los amigos. A nuestra edad ya hemos enterrado a algunos, y cada vez me queda más claro que un buen balance del amor es lo mejor para vivir el duelo. Ese tema también es un motivo de reflexión en cualquier momento con ocasión de esta historia.

COMPARTIR

Una tarde, un hombre vino a nuestra casa para contarnos el caso de una familia hindú de ocho hijos. Como no habían comido desde hacía ya varios días, nos pedía que hiciéramos algo por ellos. De modo que tomé algo de arroz y me fui a verlos. Vi cómo brillaban los ojos de los niños a causa del hambre. La mamá tomó el arroz de mis manos, lo dividió en dos partes y salió.

Cuando regresó le pregunté qué había hecho con una de las dos porciones de arroz. Mirando a sus vecinos, ella me respondió: "Ellos también tenían hambre".

Yo sabía que los vecinos de la puerta de al lado, musulmanes, tenían hambre. Pero quedé más sorprendida de su preocupación por los demás que por la acción en sí misma. En general, cuando sufrimos y cuando nos encontramos en una grave necesidad no pensamos en los demás. Por el contrario, esta mujer maravillosa y débil, que no había comido desde hacía varios días, había tenido el valor de dar a los demás. Tenía el valor de compartir.

Frecuentemente me preguntan en mis giras cuándo terminará el hambre en el mundo. Yo siempre respondo: "Cuando aprendamos a compartir". Cuanto más tenemos, menos damos. Pero cuanto menos tenemos, más podemos dar.

❖❖❖

J:—La presente historia es atribuida a la madre Teresa de Calcuta, no sabemos si lo es realmente o no, pero lo valioso de ella es rescatar el valor de la solidaridad.

MI:—Piensa no más que se le achaca la actual crisis económica del mundo a muchos factores, pero uno de ellos es el despilfarro de las sociedades opulentas. Es inaudito pensar que la cifra de pobres en el mundo ha llegado a cifras elevadas mientras existen sociedades que han derrochado hasta los alimentos o donde se cuidan las mascotas mejor que las personas.

J:—Lo que hemos recalcado en muchas de las narraciones de nuestros libros es ese valor un poco perdido en las comunidades: la solidaridad. Ser generoso, y manifestarlo en actos concretos de ayuda a los demás, es la manera como podemos cumplir nuestra responsabilidad social personal.

MI:—Volvamos a la educación en valores. Si a los niños les decimos periódicamente: "Recojan los juguetes que ya no usen, o junten sus libros de cuentos y escolares, o la ropa que les queda pequeña, y vamos a llevarlos a otros niños que los necesiten", estaremos formándolos en la solidaridad.

J:—Eso se tiene que enseñar y ver en la familia; esta conducta no aparece como un valor colectivo si no se estimula y premia este comportamiento desde que somos pequeños. Por ejemplo, hubo una época en que niños acomodados celebraban su primera comunión con niños pobres, con los cuales compartían la torta y los helados. No suelo escuchar que esta costumbre se repita en la actualidad.

Sawabona[27]

No es sólo el avance tecnológico lo que marcó el inicio de este milenio. Las relaciones afectivas también están pasando por profundas transformaciones y revolucionando el concepto de amor.

Lo que se busca hoy es una relación compatible con los tiempos modernos, en la que exista individualidad, respeto, alegría y placer por estar juntos, y no una relación de dependencia, en la que uno responsabiliza al otro de su bienestar.

La idea de que una persona sea el remedio para nuestra felicidad, idea que nació con el

---

[27] El presente texto es del famoso psicoterapeuta brasileño Flavio Gikovate. El internet está lleno de blogs con el contenido de esa palabra, pero el médico tiene además un programa dominical de radio en la emisora CBN de Río de Janeiro. Su correo, al alcance de todos, es instituto@flaviogikovate. com.br. La presente traducción se atribuye a Mila del Perú.

romanticismo, está llamada a desaparecer en este inicio del siglo veintiuno. El amor romántico parte de la premisa de que somos una parte y necesitamos encontrar nuestra otra mitad para sentirnos completos.

Muchas veces ocurre hasta un proceso de despersonalización que, históricamente, ha alcanzado más a la mujer. Ella abandona sus características, para amalgamarse al proyecto masculino.

La teoría de la unión entre opuestos también viene de esta raíz: el otro tiene que saber hacer lo que yo no sé. Si soy manso, ella debe ser agresiva, y así todo lo demás. Una idea práctica de supervivencia, y poco romántica, por más señas.

La palabra de orden de este siglo es asociación. Estamos cambiando el amor de necesidad, por el amor de deseo. Me gusta y deseo la compañía, pero no la necesito, lo que es muy diferente.

Con el avance tecnológico, que exige más tiempo individual, las personas están perdiendo el miedo a estar solas, y aprendiendo a vivir mejor consigo mismas. Ellas están comenzando a darse cuenta que se sienten parte, pero son enteras. El otro, con el cual se establece un vínculo, también se siente una parte. No es el príncipe o salvador de ninguna cosa, es solamente un compañero de viaje.

El hombre es un animal que va cambiando el mundo, y después tiene que irse reciclando para adaptarse al mundo que fabricó. Estamos entrando en la era de la individualidad, que no tiene nada que ver con el egoísmo. El egoísta no tiene energía propia: él se alimenta de la energía de los demás, sea financiera o moral.

La nueva forma de amor, o más amor, tiene nuevo aspecto y significado. Apunta a la aproximación de dos enteros, y no a la unión de dos mitades. Y ella sólo es posible para aquellos que consiguieron trabajar su individualidad.

Cuanto más fuera el individuo capaz de vivir solo, más preparado estará para una buena relación afectiva. La soledad es buena, estar solo no es vergonzoso. Al contrario, da dignidad a la persona. Las buenas relaciones afectivas son óptimas, son muy parecidas con estar solo, nadie exige nada de nadie y ambas partes crecen.

Relaciones de dominación y de concesiones exageradas son cosas del siglo pasado. Cada cerebro es único. Nuestro modo de pensar y actuar no sirve de referencia para evaluar a nadie. Muchas veces pensamos que el otro es nuestra alma gemela y, en verdad, lo que hacemos es inventarlo a nuestro gusto.

Todas las personas deberían estar solas de vez en cuando, para establecer un diálogo interno y descubrir su fuerza personal. En la soledad, el individuo entiende que la armonía y la paz de espíritu sólo se pueden encontrar dentro de uno mismo, y no a partir de los demás.

Al percibir esto, él se vuelve menos crítico y más comprensivo con las diferencias, respetando la forma de ser de cada uno. El amor de dos personas enteras es el bien más saludable. En este tipo de unión está el abrigo, el placer de la compañía y el respeto por el ser amado.

No siempre es suficiente ser perdonado por alguien. Algunas veces hay que aprender a perdonarse a sí mismo...

Si tienes curiosidad por saber el significado de *sawabona*, es un saludo usado en el sur de

África y quiere decir: "yo te respeto, yo te valoro, y tú eres importante para mí". Como respuesta, las personas allá dicen *shikoba* que es: "entonces, yo existo para ti".

❖❖❖

J:—Honradamente, este texto sustituye muchas historias que aquí hemos compilado. Es transparente y elevado, dice todo lo que puede decirse en torno al amor en las relaciones interpersonales y remata con ese respeto, esa valoración y esa importancia que se resumen en decir *sawabona*.

MI:—El autor señala, con mucho acierto, que unas buenas relaciones afectivas son muy parecidas a estar solos: sin exigencias pero con crecimiento personal. Por eso está muy bien decir que 1 + 1 no son 2, sino 3, donde ese tercero es una nueva unidad entera que tiene otras perspectivas y responsabilidades.

El PODER DE LA EDUCACIÓN

Se cuenta que el senador Licurgo[28] fue invitado a hacer una exposición sobre el poder de la educación. Aceptó la propuesta pero pidió un plazo de seis meses para prepararse. El hecho del plazo causó cierta extrañeza, pues quienes lo conocían sabían que él tenía la capacidad y las condiciones para hablar en cualquier momento sobre el tema y por eso mismo lo habían invitado.

Transcurridos los seis meses, Licurgo compareció delante de una asamblea de ciudadanos que estaban a la expectativa. Se ubicó en la tribuna y enseguida entraron unos criados portando cuatro jaulas. En cada una había un animal, a saber, dos liebres y dos perros.

---

[28] Licurgo fue un legislador griego que vivió en Esparta en el siglo VI antes de Cristo.

A una señal previamente establecida, uno de los criados abrió la puerta de una de las jaulas y una pequeña liebre blanca salió a correr, espantada. Luego, otro criado abrió una jaula en la que estaba un perro y este salió en rauda carrera a la captura de la liebre. Al minuto la alcanzó y, con mucha destreza, la devoró rápidamente a dentelladas.

La escena fue dantesca. Una gran conmoción se vio en la asamblea y los corazones parecían saltar en el pecho. Nadie conseguía entender qué era lo que Licurgo deseaba demostrar con semejante muestra de violencia.

Licurgo permaneció en su sitio y no dijo nada. Volvió a repetir la señal establecida y la otra liebre fue liberada. A renglón seguido soltaron al otro perro. El público apenas contenía la respiración. Algunos, los más sensibles, se llevaron las manos a los ojos para no ver la repetición de la muerte salvaje de aquel indefenso animalito que corría y saltaba.

En un primer instante el perro persiguió a la liebre. Sin embargo, en vez de destrozarla, la tocó suavemente con una pata, la liebre cayó al suelo, se enderezó y se puso a jugar con el perro. Para sorpresa de todos, los dos animales demostraron una tranquila y alegre convivencia, saltando de un lado para otro.

Entonces, y solamente entonces, Licurgo habló:

—Señores, ustedes acaban de asistir a una demostración de lo que puede hacer la educación: ambas liebres son hijas de la misma madre, fueron alimentadas de forma similar y recibieron los mismos cuidados. De igual forma, los perros. La diferencia entre ellos reside únicamente en la educación: uno de los perros y una de las liebres se mantuvieron en su estado salvaje, mientras que el otro perro y la otra liebre fueron entrenados por mí para que tuvieran una sana convivencia.

Y prosiguió vivamente su discurso señalando las excelencias del proceso educativo.

—Con la educación, los seres humanos pueden transformar la vida y el mundo. Debemos educar a nuestros hijos, estimular su inteligencia pero, ante todo, debemos hablar a su corazón, enseñándoles a despojarse de sus imperfecciones. Recordemos que la sabiduría por excelencia consiste en mejorar todos los días.

❖❖❖

J:—Me he dado a la tarea de mirar el diccionario. El verbo educar es derivado del latín *educcere*, que quiere decir *extraer de dentro*. Creo que esa definición dice bastante en relación con la fábula que hemos leído.

MI:—Se puede concluir entonces que la educación no se constituye en una mera trasmisión de informaciones o conocimientos, sino en trabajar las potencialidades interiores del ser a fin de que florezcan por sí mismas.

J:—Sin embargo, me surge una duda: ¿por qué seleccionaste esta narración para nuestro libro de mujeres?

MI:—El mensaje que queremos dar aquí es muy claro: a través de su rol de madres, las mujeres son fundamentalmente las educadoras naturales de la sociedad. Sin embargo, las mujeres hemos delegado esa función en los colegios y escuelas, descuidando inclusive las relaciones con los maestros de los hijos. Es muy frecuente ver y saber que las madres no van ni siquiera a recibir las notas y menos a las reuniones de padres de familia. ¿No estará allí, en gran parte, una de las muchas causas de nuestras distintas y dolorosas violencias en América Latina?

J:—**Haces una crítica muy severa** pero no por ello menos verdadera: en la medida en que las sociedades pierden su capacidad para educar y trasmitir valores, a menudo con el mal ejemplo, esas sociedades se van deteriorando y autodestruyendo.

Ser feliz: una actitud

En cierta ocasión, durante un seminario para matrimonios, una de las instructoras se dirigió a una joven esposa que estaba en la primera fila y le disparó esta pregunta:

—¿Tu esposo te hace verdaderamente feliz?

En ese momento el esposo, que se encontraba al lado, levantó ligeramente el cuello en señal de seguridad; sabía que su esposa diría que sí pues ella jamás se había quejado durante su matrimonio. Sin embargo, para su sorpresa, la esposa respondió de forma rotunda:

—No. No me hace feliz.

Hubo un murmullo de risas nerviosas en el salón y, ante el asombro del marido, ella —sin dejar de mirarlo mientras respondía— continuó:

—No me hace feliz, ¡yo soy feliz! El que yo sea feliz o no, no depende de él, sino de mí.

Soy la única persona de quien depende mi felicidad. Yo decido ser feliz en cada situación y en cada momento de mi vida, porque si mi felicidad dependiera de alguna otra persona, cosa o circunstancia sobre la faz de esta tierra, yo estaría en serios problemas.

Había allí, en esas palabras que los demás escuchaban con profundo respeto, la convicción de una filosofía personal que nadie quería perderse de oír. Ella sonrió a su marido como indicando que él ya conocía estos pensamientos, y prosiguió:

—Todo lo que existe en esta vida cambia continuamente. El ser humano, las riquezas, mi cuerpo, el clima, los placeres, etcétera. Y así podría decir una lista interminable. A través de toda mi vida, he aprendido algo: decido ser feliz y lo demás lo llamo "experiencias" tales como amar, perdonar, ayudar, comprender, aceptar, escuchar y consolar.

Y finalizó:

—Hay gente que dice: "no puedo ser feliz porque estoy enfermo, porque no tengo dinero, porque hace mucho calor, porque alguien me insultó, porque alguien ha dejado de amarme, porque alguien no me valoró". Pero lo que esa gente aparentemente ignora es que se puede ser feliz aunque estés enfermo, aunque haga calor, aunque no tengas dinero, aunque alguien te haya insultado, aunque alguien no te ame, o no te haya valorado. Porque ser feliz es, más que todo, una actitud ante la vida que cada uno decide sin coacción.

❖❖❖

J:—El concepto de las actitudes —no nos fatiguemos de insistir— ha sido presentado por nosotros para revelar la clase de predisposiciones que uno tiene frente a las personas y las cosas. Es muy frecuente escuchar el ejemplo obvio de que no es lo mismo mirar el mundo con unas gafas de cristal color de rosa, que con unas gafas cafés oscuras.

MI:—Sí, nuestras actitudes son como esas gafas que cada uno de nosotros utiliza para mirar a su alrededor y a sí mismo. Un especialista decía, aún más claramente, que las actitudes son los filtros a través de los cuales percibimos la realidad.

J:—Pongamos un ejemplo: ciertas personas tienen intolerancia hacia los afrodescendientes, los discapacitados, los pobres, los políticos; y esa actitud de rechazo es el filtro que les impide verlos como honestos, competentes o trabajadores, y de allí en adelante, todo se convertirá en una actitud de discriminación hacia ellos.

MI:—En alguna parte leí este poema, adjudicado a Mahatma Gandhi, que nos ayudaría a entender mejor el asunto:

Cuida tus pensamientos porque se volverán
palabras.

Cuida tus palabras porque se volverán actos.

Cuida tus actos porque se harán costumbre.

Cuida tus costumbres porque forjarán tu
carácter.

Cuida tu carácter porque formará tu destino.

Y tu destino será tu vida.

J:—En el caso de esta historia, la actitud ante la vida parte de un supuesto: pase lo que pase, suceda lo que suceda, yo soy quien decido cómo sentirme en cada momento. Nadie me obliga a sentirme mal, ni desdichado, ni agredido. Yo decido cómo me quiero sentir y cómo no me quiero sentir, sin dejarme manipular por los demás.

MI:—Si necesitamos una comprobación de la actitud positiva ante la vida recordemos el caso

de Tony Meléndez, un hombre sin brazos, que va
por el mundo dando lecciones de superación y
felicidad mientras toca la guitarra con los dedos
de sus pies.

EL PRINCIPIO 90/10

¿Cuál es este principio? Alude a la actitud al enfrentar los problemas y dice que el diez por ciento de la vida tiene que ver con lo que le pasa a una persona, y el noventa restante lo constituye la forma de reacción o respuesta de ella ante esos hechos.

En pocas palabras, nosotros no tenemos control total sobre mucha parte del diez por ciento de las cosas que nos suceden. No podemos evitar que el automóvil se nos descomponga, o que el avión llegue a destiempo, o que un conductor se nos atraviese en el tráfico: cualquiera de estos incidentes puede echar por tierra nuestros planes. Recordemos, no tenemos control sobre ese diez por ciento.

El otro noventa por ciento es diferente: las personas determinan qué hacer con ese porcentaje. ¿De qué manera? De acuerdo a la manera como reaccionen ante esos hechos: no pueden controlar el semáforo en rojo, o el chofer que se atraviesa imprudentemente, pero siempre pueden ser dueños su reacción. No deje que la gente se aproveche de usted y lo manipule.

Imagine la siguiente situación:

Estás desayunando con tu familia. A tu hija se le cae un vaso de jugo de naranja que salta y mancha tu blusa. En ese momento tú no tienes control sobre lo que acaba de pasar. Lo que suceda enseguida será determinado por tu reacción: maldices y regañas severamente a tu hija por su descuido. Ella rompe a llorar. Después de reprenderla, te volteas hacia tu esposo y lo criticas por no ayudarte. Y sigue así una batalla verbal entre todos. Tú, gritando, vas a cambiarte la blusa y cuando bajas encuentras a tu hija todavía llorando mientras termina su desayuno. Pero ella pierde el autobús y tu esposo debe irse inmediatamente para el trabajo. Tú te apresuras hacia tu automóvil y la llevas a la escuela. Como ya estás atrasada, manejas a ochenta kilómetros por hora en una carretera que sólo permite una velocidad inferior. Después de quince minutos de retraso y una multa de tráfico, llegas a la escuela. Tu hija salta enojada, sin siquiera decirte adiós. Cuando finalmente llegas a la oficina, veinte minutos tarde, te das cuenta que se te olvidó el maletín de trabajo en casa. En fin, tu día empezó terrible. Y parece que se pondrá cada vez peor: ansías llegar a tu casa, pero luego cuando llegas encuentras un pequeño distanciamiento en tus relaciones con tu esposo y con tu hija.

¿Por qué tuviste un mal día?

a) ¿acaso fue causado por el vaso de jugo?

b) ¿acaso fue causado por tu hija?

c) ¿acaso fue causado por el policía?

d) o ¿acaso tú lo causaste?

La respuesta es la "d": Tú no tenías control sobre lo que pasó con el jugo. La forma en como reaccionaste en los siguientes cinco segundos, fue lo que causó tu mal día.

Te presento nuevamente otro punto de vista sobre lo que debió haber sucedido.

El jugo te chispea. Tú hija está a punto de llorar por su descuido. Tú gentilmente le dices, "Está bien cariño, sólo necesitas tener más cuidado la próxima vez". Después de buscar una blusa limpia y tu maletín, regresas abajo, miras a través de la ventana y ves a tu hija tomando el autobús. Ella se voltea y te dice adiós con la mano.

Advierte la diferencia: los dos libretos son distintos para ti durante el día: ambos empezaron igual y terminaron diferente. ¿Por qué? Aunque no tuviste el control sobre el diez por ciento de lo que sucedió, tu reacción hizo el otro noventa por ciento, con efectos totalmente diferentes en el estado de ánimo y en las relaciones de toda la familia.

Podemos hallar muchos ejemplos más. Si alguien dice algo negativo acerca de ti, no lo tomes muy a pecho. Deja que el ataque caiga como el agua sobre el aceite. No dejes que los comentarios negativos te afecten, reacciona apropiadamente y no arruinarán tu día. Una reacción equivocada podría resultar en la pérdida de un amigo, ser despedida, te puedes estresar, causar un accidente, etcétera.

Ahora ya conoces el principio 90/10, de Stephen R. Covey, el reconocido escritor norteamericano, a quien se le encuentra fácilmente en internèt[29]. Si lo aplicas, tal vez quedarás maravillada con los resultados. El 90/10 es potente, pero muy pocos lo conocen y lo aplican menos. No perderás nada si lo intentas: ¿Cuál es el resultado? Que millones de personas están sufriendo inoficiosamente de un estrés que no vale la pena, de un problema que se puede manejar y de dolores de cabeza que no debían tener. La aplicación de este principio, ¡podría ayudar en mucho en tu vida!

---

[29] https://www.stephencovey.com/. Stephen R. Covey es conocido por ser el autor del libro de gran venta *Los siete hábitos de las personas altamente eficaces*, y es uno de los más reconocidos en el campo empresarial y del desarrollo personal. La adaptación es de los autores.

LOS LÍMITES DE SER PADRES

* Te di la vida, pero no puedo vivirla por ti.

* Puedo enseñarte muchas cosas, pero no puedo obligarte a aprender.

* Puedo dirigirte, pero no responsabilizarme por lo que haces.

* Puedo instruirte en lo malo y lo bueno, pero no puedo decidir por ti.

* Puedo darte amor, pero no puedo obligarte a aceptarlo.

* Puedo enseñarte a compartir, pero no puedo forzarte a hacerlo.

* Puedo hablarte del respeto, pero no te puedo exigir que seas respetuoso.

* Puedo aconsejarte sobre las buenas amistades, pero no puedo escogerlas por ti.

* Puedo platicarte acerca de la vida, pero no puedo edificarte una reputación.

* Puedo decirte que el licor es peligroso, pero no puedo decir no por ti.

* Puedo advertirte acerca de las drogas, pero no puedo evitar que las uses.

* Puedo exhortarte a la necesidad de tener metas altas, pero no puedo alcanzarlas por ti.

* Puedo enseñarte acerca de la bondad, pero no puedo obligarte a ser bondadoso.

* Puedo amonestarte en cuanto al bien y el mal, pero no puedo hacerte una persona moral.

* Puedo explicarte cómo vivir, pero no puedo darte calidad de vida.

* Puedes estar seguro de que me he esforzado hasta el máximo por darte lo mejor de mí... ¡porque te amo!

* Pero lo que hagas de tu vida, dependerá de ti; aun cuando siempre esté junto a ti, las decisiones las tomarás tú.

* La vida es el regalo que Dios nos hace. La forma en que vivas tu vida, es el regalo que te haces a ti y a Dios.

◆◆◆

J:—Estos consejos tomados de un autor desconocido[30] son similares en muchos casos a otros consejos de padres y han sido tomados desde diferentes puntos de vista. En este caso se ve de qué modo la frontera de las responsabilidades se determina muy notoriamente en las consignas que hacen estos padres a sus hijos. Recuerda la alegoría de que los hijos son como navíos.

MI:—A mi parecer, este mensaje va directamente al grupo de adolescentes que se preparan para dejar el nido del hogar. Es el "testamento", por decirlo de ese modo, que podrían recibir los chicos y chicas antes de enfrentarse al mundo real con ese equipaje de preceptos que han recibido para vivir.

---

[30] El hecho de bajar este texto de la red pública en internet no invalida el interesante mensaje a los hijos.

Malas madres [31]

Un día, cuando mis hijos estén lo suficientemente crecidos para entender la lógica que
motiva a los padres y madres, yo habré de
decirles:

Los amé tanto como para haberles pregun-
tado a dónde iban, con quién iban y a qué hora
regresarían. Los amé lo suficiente para no haberme quedado callada y para hacerles saber,
aunque no les gustara, que aquél nuevo amigo
no era buena compañía.

---

[31] Por C. Hecktheuer, médico psiquiatra. Fue publicado
con ocasión de la muerte de Tarcila Gusmao y Maria Edu-
arda Dourado, ambas de 16 años, en Maracaípe, Porto de
Galinhas, Brasil. Después de trece días de desaparecidas,
las madres confesaron *desconocer* a los dueños de la casa
donde sus hijas habían ido a pasar el fin de semana. La
tragedia acaparó la opinión pública y el crimen aún per-
manece sin respuesta. http//mafrancia.zoomblog.com/
archivo/2008/06/01 vía email.

Los amé lo suficiente para hacerles pagar las golosinas que tomaron del supermercado o las revistas del expendio, y hacerles decir al dueño: "nosotros nos llevamos esto ayer y queremos pagarlo".

Los amé lo suficiente como para haber permanecido de pie dos horas, junto a ustedes, mientras limpiaban su cuarto, tarea que yo habría hecho en quince minutos.

Los amé lo suficiente para dejarles ver, además del amor que sentía por ustedes, la decepción y también las lágrimas en mis ojos. Los amé lo suficiente para dejarlos asumir la responsabilidad de sus acciones, aun cuando las penalidades eran tan duras que me partían el corazón.

Y ante todo, los amé lo suficiente para decirles NO, cuando sabía que ustedes podrían odiarme por eso; y en algunos momentos sé que me odiaron.

Esas eran las batallas más difíciles de todas. Estoy contenta, vencí... porque al final ¡ustedes ganaron también! Y cualquiera de estos días, cuando mis nietos hayan crecido lo suficiente para entender la lógica que motiva a los padres y madres, cuando ellos les pregunten si su madre era mala, mis hijos les dirán:

Sí, nuestra madre era mala. Era la madre más mala del mundo. Los otros chicos comían golosinas en el desayuno y nosotros teníamos que comer cereales, huevos y tostadas. Los otros chicos bebían gaseosas y comían papas fritas y helados en el almuerzo, y nosotros teníamos que comer arroz, carne, verduras y frutas.

Mamá tenía que saber quiénes eran nuestros amigos y qué hacíamos con ellos. Insistía en que le dijéramos con quién íbamos a salir, aunque demoráramos apenas una hora o menos. Ella nos insistía para que le dijéramos siempre la verdad y nada más que la verdad.

Y cuando éramos adolescentes, quién sabe cómo, hasta conseguía leernos el pensamiento. ¡Nuestra vida sí que era pesada! Ella no permitía que nuestros amigos nos tocaran la bocina para que saliéramos; tenían que bajar, tocar la puerta y entrar para que ella los conociera.

A los doce años, todos podían volver tarde por la noche, nosotros tuvimos que esperar como hasta los dieciséis para poder hacerlo, y aquella pesada se levantaba para saber si la fiesta había estado buena (era sólo para ver en qué estado nos encontrábamos al volver).

Por culpa de nuestra madre, nos perdimos inmensas experiencias en la adolescencia. Ninguno de nosotros estuvo envuelto en problema de drogas, robos, actos de vandalismo, violación de propiedad, ni estuvimos presos por ningún crimen.

¡Todo fue culpa de ella! Ahora que somos adultos, honestos y educados, estamos haciendo lo mejor para ser "padres malos", como fue mi madre. Yo creo que este es uno de los males del mundo de hoy: ¡no hay suficientes madres malas!

Aquellas que ya son madres, que no se culpen, y aquéllas que lo serán, ¡que esto les sirva como una alerta!»

❖❖❖

Este texto del dr. Carlos Hecktheuer fue entregado por el profesor de Ética y Ciudadanía de la escuela Objetivo/Americana, sr. Roberto Candelori, a todos los alumnos de su clase para que lo diesen a sus padres. La única condición solicitada por el profesor fue que cada alumno permaneciera al lado de sus padres hasta que ellos terminaran la lectura.

J:—He aquí otra historia que no puede faltar en un libro como éste. Si bien puede que repita el texto de otras anteriores, lo que la madre confiesa haber hecho aparece en forma distinta gracias a la aceptación que hacen los hijos de sus palabras y de este modo reconocer, sin censuras, los discursos de su madre.

MI:—"Madre mala" es un título probablemente equívoco, pero seguramente fue llamativo para el doctor Hecktheuer con el fin de darle fuerza al contenido de los consejos que daba una madre y que sus hijos terminaron aceptando.

EL JARDÍN DE LOS PROBLEMAS[32]

Un niño ayudaba todas las semanas a su madre en el mantenimiento de un reducido jardín que había cultivado en el patio trasero de su casa.

Una mañana el niño notó a su madre con un semblante preocupado y le preguntó por el motivo que la acongojaba. La madre le explicó que tenía muchos problemas en diferentes aspectos de su vida, y el solo hecho de pensar en ellos la hacía sentir muy incómoda. El niño se quedó pensando, y le dijo:

---

[32] Esta historia, así como la siguiente, la escribió Luisa Fernanda Suárez Monsalve, discapacitada visual y estudiante de II semestre de Psicología. Según sus propias palabras: «Este cuento lo escribí inspirada en Ana Varón, ella nos pidió que le quitáramos un pétalo a una flor por cada problema que tuviéramos; lo que sucedió es que ninguno logró deshojar toda la flor pues no teníamos los suficientes problemas para lograr que quedase totalmente desprovista».

—Mamá, por cada problema que tengas en tu vida, yo quisiera que arrancaras los pétalos de una de estas flores. Una maestra nos explicó que esa era una buena solución.

La madre asintió, y aunque realmente creyó que trataba de un juego, decidió seguirlo. Cada vez que pensaba en una dificultad, ella arrancaba un pétalo de una flor. Luego llamó a su hijo para informarle que ya había concluido su labor. El niño se sorprendió al ver que su madre había dañado casi todas las flores: realmente tenía problemas, pensó. Entonces le dijo a su madre, mientras caminaban alrededor del jardín:

—Mamá, ¿ves lo que hay aquí?

—Sí, no son nada, realmente ya no son flores; no tienen gracia, no tienen sentido.

El niño se acercó a ella y prosiguió.

—¿Sabes lo que dice la maestra? Que así es la vida: si a la vida le quitas todos los problemas, sería como deshojar una flor, quedaría sin color y sin forma, en verdad aburrida y simple. Si no tienes retos que superar, si no tienes un proyecto para tu vida, estarías viviendo por vivir y eso es ciertamente muy aburrido.

MI:—La primera pregunta es: ¿cuándo decimos que tenemos un problema? Es importante precisar que no todas las situaciones externas o los comportamientos de los demás, me causan problemas. Sólo son problemas aquellas situaciones que me impiden la satisfacción de mis necesidades, me provocan sentimientos de irritación, temor, disgusto o ira, o los que interfieren en mi vida; esas realmente son las que se constituyen en problema para mí.

J:—Lo que tú señalas es que uno debe primero definir si realmente tiene o no un problema; es muy frecuente que uno equivoque una situación confusa con un problema. Y, por distintos métodos de razonamiento, uno puede descifrar si esa situación confusa es, o no es, un problema. Aclarar este punto me parece muy interesante.

MI:—Y algo más: no siempre yo soy el dueño del problema. Por ejemplo, una situación familiar puede ser un problema para mi hermano y no para mí. Es decir, esa situación lo afecta a él, pero no a mí —o al menos de otra manera—. Por eso se dice que hay problemas míos y problemas tuyos.

J:—Pero también hay problemas nuestros, y son especialmente aquellos que nos inquietan a ambos: una dificultad económica o la cancelación de alguna actividad, nos afectan tanto a ti como a mí. La decisión de concebir un hijo, es un típico problema del nosotros. De allí que es importante preguntarse asimismo quién es el responsable de solucionar los problemas.

MI:—Mira lo interesante de tu planteamiento: sobre los problemas míos yo tengo la responsabilidad de solucionarlos; sobre los problemas tuyos, tú eres el responsable de ellos; y cuando el problema es nuestro, al menos debemos concertar la solución del mismo.

J:—Tal vez por eso Luisa Fernanda anota que, cuando ella hizo el ejercicio de quitarle los pétalos a la flor, no encontró suficientes problemas propios para deshojarla totalmente. Es decir, una perspectiva más objetiva de cuáles son verdaderamente los problemas propios, proporciona un filtro a las personas para llegar a una posición más madura y responsable orientada a solucionarlos, de tal modo que ellas puedan sentir que así dirigen verdaderamente su destino.

LAS COMETAS[33]

Un joven de veinticinco años, que había sido padre por primera vez, pensó que si había sido un hijo ejemplar en gran parte lo había logrado por su madre. Entonces decidió ir a su casa para preguntarle cómo había sido la educación que le había dado.

—Hola mamá, ¿me podrías enseñar la manera de educar a mi hijo?

La madre sonrió y le dijo que al día siguiente saldrían a elevar cometas.

—No, mamá; lo que te pido es que me enseñes cómo formar constructivamente a mi hijo.

—Sí, hijo, yo tengo los materiales; mañana podremos hacer las cometas.

---

[33] Contribución de Luisa Fernanda Suárez Monsalve, de Medellín, Colombia.

El joven recordó que su madre, por la edad, no estaba muy bien de los oídos, pero como ella de veras quería elevar cometas, no le replicó nada.

Al siguiente día construyeron una cometa para cada uno, y se fueron a elevarlas; el joven dudó para soltar su cometa puesto que no sentía nada de viento y así sería muy difícil que volase. Pero al rato decidió echarla a volar. Su madre observó ambas cometas remontando en lo más alto de los cielos, y entonces dijo:

—Hijo, educar se parece mucho a elevar una cometa: sólo debes soltarla cuando te pida cuerda; no la obligues a elevarse antes de tiempo, porque ella parece que sabe calcular sus vientos. No obstante, cuando esté lista para volar, no sueltes del todo el carretel que la mantiene atada a ti. Pero además, nunca dejes que se lleve todo el hilo porque si la cometa siente que nada la sostiene, puede volar tan alto que puede descontrolarse y revolcarse hasta destruirse a sí misma.

❖❖❖

J:—Es muy bella la analogía de nuestra colaboradora y nos recuerda aquella frase de que las cometas sólo se elevan contra el viento. Como entrenadores gerenciales, hemos trabajado mucho en estimular la excelencia o la necesidad de logro. Esta motivación tiene unas características muy importantes como son la perseverancia y la resistencia a la frustración y al fracaso. Por ello hemos citado a menudo la frase de un sabio profesor que dijo: "Nunca el éxito estuvo antes que el esfuerzo, ni siquiera en el diccionario".

MI:—Tú hablas con frecuencia de las tensiones necesarias. Insistes en que, a nivel motivacional, siempre debe haber un grado de exigencia que lleve al empleado a dar un poco más de sí mismo, que no se quede con lo mínimo y siempre se sienta exigido.

J:—Es igual en la educación, como lo sugiere esta historia: si la cometa —el alumno o el empleado— se siente sin esa tensión o exigencia necesaria, caerá al suelo y seguramente se romperá.

MI:—A lo mejor fue ese el método que usó mi papá conmigo: cuando llegaba feliz a mostrarle mis notas en primaria y bachillerato, llenas de felicitaciones del colegio, me miraba de reojo y con una sonrisa afectuosa me decía: "¡cumpliste con el deber!".

ELLA ES COMO YO

Una madre confundida se acercó al consultorio de una Trabajadora Social y le expuso su problema.

—Mi hija llegó a este mundo de manera normal, pero yo tenía que trabajar, tenía muchos compromisos. Mi hija aprendió a comer cuando yo menos lo esperaba; dijo sus primeras palabras y no las escuché; aprendió a atarse los zapatos porque otras personas se lo enseñaron y, a medida que crecía, ella me decía:

—Mami, algún día seré como tú. ¿A qué horas regresas a casa?

—No lo sé, mi amor —yo le respondía—, pero cuando regrese jugaremos..., ya lo verás.

Pero mi hija, al cumplir sus diez años, me dijo:

—Gracias por la muñeca, mami. Está muy linda. ¿Quieres jugar conmigo?

—Hoy no, hija mía, que tengo mucho que hacer —le respondía.

—Está bien mami, otro día será —y se iba sonriendo, pero siempre en sus labios tenía estas palabras—: yo quiero ser como tú. ¿A qué horas regresas a casa?

Mi hija creció, fue a la universidad y regresó de allí convertida en una bella y talentosa profesional.

—Hija, estoy muy orgullosa de ti —le dije—. Siéntate y hablemos un poco.

—¿Sabes mamá? Hoy no puedo, tengo algunos compromisos; más bien por qué no me prestas tu auto para ir a visitar a unos amigos.

—Ahora estoy jubilada —prosiguió diciendo la señora a la profesional que la escuchaba—, mi hija está casada y vive en un barrio cercano. Hoy la he llamado.

—Hola, mi amor, quiero verte.

—Me encantaría, mamá, pero es que no tengo tiempo...; tú sabes, el trabajo, los niños, la casa...; pero gracias por llamar, fue estupendo hablar contigo.

Así finalizó la señora su conversación con la profesional, quien le preguntó enseguida:

—¿Qué aprendió usted de su hija con esa última llamada?

—Al colgar el teléfono me di cuenta que mi hija había cumplido su deseo: ella era exactamente como yo.

❖❖❖

MI:—Esta historia nos vuelve a llevar al tema del tiempo dedicado a los hijos. Nos aterra pensar en la cantidad de personas mayores, ancianos y aun padres enfermos, que no reciben la visita ni la atención de sus hijos. ¿Cuántos casos tienen este mismo marco de referencia de abandono psicológico de padres a hijos, que luego se repite de hijos a padres?

J:—Sin embargo, he escuchado a muchas mamás que dicen "lo importante no es la cantidad de tiempo que uno pase con un hijo, lo importante es la calidad".

MI:—¿Es eso verdad, o es la manera de lidiar con la culpa?

J:—No lo sé, pero creo que en las relaciones de todo tipo ambos elementos hay que cuidarlos. Obviamente que si tengo poco tiempo para pasar con una persona, llámese esposa, hijo o amigo, debo aprovecharlo de la manera más valiosa posible.

MI:—Tocas un tema importantísimo de cómo usamos nuestro tiempo con los demás. Entre los modelos de comportamiento humano, Análisis Transaccional[34] nos enseñó que hay varias maneras de estructurar nuestro tiempo. Veamos: *Aislamiento*, un joven escuchando música en su cuarto. *Rituales*, como por ejemplo acudir a la reunión mensual de los rotarios. *Pasatiempos*, como jugar al King con las amigas. *Actividades*, como atarearse con la casa y las compras. *Intimidad*, disfrutar y estar en comunicación con la pareja. Lo interesante de este tema es que como casi todo el mundo le huye a la intimidad, porque requiere del compromiso sincero de nuestra área emocional, casi nunca la buscamos. Nos la pasamos en la vida en otro tipo de usos del tiempo a fin de evitarla.

J:—En tus palabras, si sólo tengo unos pocos minutos, debería aprovecharlos para hacerle una caricia, mirarlo a los ojos y preguntarle desde lo más hondo de mi corazón: "¿Cómo te fue hoy?".

---

[34] Modelo desarrollado por el norteamericano Eric Berne, de amplia divulgación en las décadas de los setentas y los ochentas. Su libro más afamado: *Yo estoy bien, tú estás bien*.

En esa actitud de escucha, inmediatamente se conectan las dos almas y se produce un verdadero encuentro. Eso es intimidad y es tomarse unos pocos minutos para sentirse como padre e hijo.

MI:—Lo entiendo, porque casi siempre en esos pocos minutos los padres le dicen al chico "¿Vemos una película juntos?" que es una manera de esquivar la intimidad con un pasatiempo. Es decir, todo menos hablar, que es lo fundamental. Ahí puede haber cantidad de tiempo pero no tiempo de calidad.

J:—En la relación de parejas el fenómeno de la intimidad está muy bien descrito por Daniel Goleman, uno de los psicólogos más importantes de finales del siglo XX. Dice en su libro más conocido: "Para las esposas, la intimidad significaba hablar de las cosas profundamente, sobre todo hablar de la relación misma. Los hombres en general no comprenden lo que las esposas quieren de ellos. Ellos dicen: 'Yo quiero hacer cosas con ella, y lo único que ella quiere es hablar'"[35].

---

[35] Goleman, Daniel, *La inteligencia emocional*, Javier Vergara Editor, Buenos Aires, 1996, p. 162. Cita del estudio realizado por Ted Huston, psicólogo de la Universidad de Texas, con 264 parejas.

Primero lo primero

Cuenta una tradición chipriota que una pobre mujer campesina, con un niño en los brazos, pasaba delante de una caverna cuando escuchó una voz misteriosa que desde el fondo le decía:

—Entra aquí y toma todo lo que desees durante sólo ocho minutos, pero no te olvides de lo principal. Recuerda: después de que salgas la puerta se cerrará para siempre. Por lo tanto, aprovecha la oportunidad, pero no te olvides de lo principal.

La mujer entró en la caverna y encontró alimentos, muebles, ropa, y muchas riquezas dispersas en el suelo, en arcones, cofres y cajas. Fascinada por el oro y por las joyas, puso cuidadosamente al niño en el piso y empezó a juntar, con codicia, todo lo que podía en su delantal.

—¡Recuerda que tienes sólo ocho minutos! —insisitió la voz misteriosa.

Cuando se agotó el tiempo la mujer, cargada de oro y piedras preciosas, corrió hacia afuera de la caverna en el preciso momento en que la puerta se cerraba estrepitosamente. En ese instante se dio cuenta que el niño había quedado adentro y que la puerta estaba sellada para siempre.

❖❖❖

J:—El mensaje de esta historia puede ser que tenemos un promedio de más de setenta años para vivir en este mundo, y siempre hay voces que nos advierten: ¡no te olvides de lo principal!

MI:—Y lo principal son los valores espirituales, el amor, la solidaridad, la familia, los amigos, la vida. Pero muy a menudo las ganancias, la riqueza, los placeres materiales nos fascinan tanto que lo principal siempre se queda a un lado. Creo que repetimos mucho este mensaje, pero es la esencia de nuestra comunicación con las mujeres.

J:—Es muy frecuente olvidar que la vida pasa rápido y que la muerte a veces llega inesperadamente. Aunque vivimos en un mundo lleno de problemas, angustias, corrupción, conflictos, injusticias, cada día mueren muchas personas que han olvidado lo principal. Cuando la puerta de

esta vida se cierra para nosotros, de nada valdrán
las lamentaciones.

MI:—No sobra recordar aquella anécdota de dos
amigos que conversaban en el entierro de otro,
y uno pregunta: "¿Qué dejo fulano?" Y su interlocutor le contesta, con cierto desdén: "Todo".

Yo SÍ VALGO / TÚ SÍ VALES

Dos colegas se encontraban en un bar después del trabajo. Luego de una breve conversación, el le preguntó a ella:

—Quisiera conocerte un poco mejor. Por ejemplo, ¿qué tipo de hombre buscas?

Ella se quedó un momento silenciosa, lo miró a los ojos y le dijo:

—¿En verdad quieres saberlo?

—Sí, claro —respondió.

—Soy una mujer moderna —empezó a decir— y quisiera pedirle a un hombre cosas que yo sola no puedo. Por ejemplo, yo pago todas mis facturas, me encargo de mi casa, voy al supermercado, hago las compras y todo sin la ayuda de un hombre. Entonces yo preguntaría, ¿qué puede aportarle un hombre a mi vida?

Esta vez su interlocutor se quedó en silencio. Parecía que ella se estaba refiriendo al dinero. Pero, adivinando lo que él estaba pensando, dijo:

—No me estoy refiriendo al dinero. Necesito algo más. Necesito un hombre que luche por su progreso permanente en todos los aspectos de su vida.

Él cruzó los brazos, se recargó en la silla y mirándola directamente, le pidió que se explicara mejor.

—Muy bien. Busco alguien que luche por su desarrollo intelectual: necesito intercambiar ideas con alguien que me estimule mentalmente y con quien pueda conversar hasta la vejez. No quiero tratar con personas simples y sin ambiciones, sino con alguien que me empuje a seguir preparándome. Pero así mismo necesito a una persona sensible, que me comprenda como mujer, pero lo suficientemente fuerte para darme ánimos y no dejarme decaer. Busco a alguien a quien pueda respetar, admirar y querer. Un hombre que pueda resolver él mismo sus propios problemas; en fin, quiero un hombre que conozca sus metas y quiera compartirlas conmigo.

Cuando ella terminó de hablar, advirtió que su colega se veía confundido y con muchos interrogantes. Después de una pausa, y sobre-

poniéndose al ruido del sitio, él replicó, ligeramente confuso:

—¿No estarás pidiendo mucho?

De inmediato ella le contestó sin ninguna
vacilación:

—Sí, porque yo valgo mucho.

❖❖❖

J:—Nosotros hemos discutido mucho si la palabra *autoestima* refleja lo que queremos decir
comúnmente con este término. De hecho, no
la encontramos en el mejor de los diccionarios,
el de la Real Academia de la Lengua. Como estamos buscando otra acepción, es posible que
amor propio sea una acepción que nos diga un
poco más.

MI:—En efecto, el amor propio es aquella valoración interior que una persona hace perma-
nentemente de sí misma. No es vanidad; es el
reconocimiento sincero y honesto de los defectos
y cualidades, visto con objetividad y en cada una
de las situaciones de la vida.

J:—Adicionalmente la autovaloración, o amor propio, se refleja en nuestra actitud frente a los
demás. Veamos: hay por lo menos cuatro formas
de valorarse en relación con las otras personas.

·La primera: *Yo valgo y tú vales*. La segunda: *Yo valgo y tú no vales*. La tercera: *Yo no valgo y tú no vales*. Y la cuarta, *Yo no valgo y tu sí vales*[36]. Esto significa que la autoestima no es un concepto simple y sin ramificaciones, sino un valor complejo en relación con las demás personas.

MI:—En un libro para mujeres es interesante destacar que muchas de ellas adoptan ese autoconcepto de *Yo no valgo y tú sí vales*. Por efecto de esta posición de minusvalía algunas permiten el irrespeto y el maltrato físico o psicológico a causa de la subyugación o sometimiento al otro. La invitación es a reflexionar en la frase que titula esta narración.

---

[36] Hace años, la escuela de Análisis Transaccional nos presentó el modelo *Yo estoy bien-tú estás bien*, que ahora hemos adaptado para este libro. Eric Berne fue el creador de esta escuela de Psicología, y muchos discípulos le siguieron en todo el mundo, en especial en Colombia. Nos parece igualmente importante citar la obra *Mujer triunfadora*, de Dorothy Jongeward y Dru Scott (Fondo Educativo Interamericano S.A., México, 1979), que proviene de dicha escuela.

¡NO TE METAS EN MI VIDA!

Una joven, enardecida por cualquier reclamo en su casa, le grita a su madre:

—¡No te metas en mi vida!

—Hija, un momento: no soy yo quien se metió en tu vida. ¡Tú te metiste en la mía! Por el amor que tu padre y yo nos tenemos llegaste a nuestras vidas y ocupaste todo nuestro tiempo aún antes de nacer; me sentía mal, no podía comer, todo lo que comía lo devolvía y debía guardar reposo. Los últimos meses no dormía y tampoco dejaba dormir a tu papá. Los gastos de la casa aumentaron tanto que gran parte de nuestros ingresos se gastaban en ti: en un buen médico que me atendiera y me ayudara a llevar un embarazo saludable, en medicamentos, en la maternidad, en comprarte todo un guardarropa; tu padre y yo, si veíamos algo para bebé, lo comprábamos: un vestido, una cuna, todo lo que se pudiera con tal de que tú estuvieras bien. ¿Qué no me meta en tu vida?

"Llegó el día en que naciste. 'Hay que comprar un regalo para dar de recuerdo a quienes vengan a conocerte', dijo papá, y de paso debimos adaptar un cuarto. Desde la primera noche no dormimos: cada tres horas, como si fueras una alarma de reloj, nos despertabas para que te diéramos de comer; otras veces te sentías mal y llorabas y llorabas sin que nosotros supiéramos qué hacer y hasta llorábamos contigo. ¿Qué no me meta en tu vida?

"Aprendiste a caminar, y yo no sé cuánto tiempo he tenido que estar detrás de ti: cuando empezaste a caminar o cuando creíste que ya sabías hacerlo. Ya no podía sentarme tranquila a descansar, a leer el periódico o a ver una película, porque de repente te perdías de mi vista y tenía que salir tras de ti para evitar que te lastimaras. ¿Qué no me meta en tu vida?

"Todavía recuerdo el primer día de clases, cuando tuve que llamar al trabajo y decir que iría más tarde, pues en la puerta del colegio te aferrabas a mi mano, llorabas y me pedías que me quedara contigo; y entonces tuve que entrar a la escuela y pedirle a la maestra que me dejara estar a tu lado para que fueras tomando confianza. A las pocas semanas ya no me pedías que me quedara, y hasta te olvidabas de despedirte cuando bajabas del auto corriendo para encontrarte con tus amiguitos. ¿Qué no me meta en tu vida?

"Seguiste creciendo. Ya no querías que te lleváramos a tus reuniones, y en cambio nos pedías que te dejáramos una calle antes y pasáramos por ti una calle después, para que no se enteraran tus amigos; te molestabas si te marcábamos reglas, no podíamos hacer comentarios acerca de tus compañeros sin que te volvieras contra nosotros, como si los conocieras a ellos de toda la vida y nosotros fuéramos unos perfectos desconocidos para ti. ¿Qué no me meta en tu vida?

"Muchas veces tu papá se la pasaba en vela, y no me dejaba dormir diciendo que no habías llegado y que era media noche, que tu celular estaba desconectado, que ya eran las tres y no llegabas. Hasta que por fin entrabas a la casa, y podíamos dormir. ¿Qué no me meta en tu vida?

"Al presente, cada vez sé menos de ti por ti misma, sé mas por los demás; ya casi no quieres hablar conmigo, dices que sólo te estoy regañando y todo lo que yo hago está mal. Pregunto: con tantos defectos que tenemos tu papá y yo, ¿cómo hemos podido darte todo lo que tienes? Ahora sólo me buscas cuando hay que pagar algo, o necesitas dinero para la universidad o para salir; y peor aún, yo solamente te busco cuando tengo que llamarte la atención. ¿Qué no me meta en tu vida?

"No obstante lo anterior, estoy segura que ante estas palabras tuyas será mejor responder: Hija, yo no me meto en tu vida, tú te has metido en la mía. Y te aseguro que, desde el primer día hasta hoy, no me arrepiento que te hayas metido en ella y la hayas cambiado para siempre. Así que mientras esté viva me meteré en tu vida, así como tú te metiste en la mía, para ayudarte, para formarte, para amarte y para hacer de ti una mujer de bien".

❖❖❖

MI:—Este texto es conmovedor. Como hijos muchas veces dijimos algo similar y, como padres, ellos lo han escuchado algunas veces. Lo importante es que nos pone otra vez a reflexionar sobre los límites entre la educación de los padres y la independencia de los hijos. Es decir, hasta dónde deben llegar los padres en su intervención sobre la conducta y las decisiones de sus hijos, y en qué momento deben empezar a permitirles tomar determinaciones con autonomía.

J:—Pero a los hijos hay que enseñarles a tomar decisiones por sí mismos y a tener un "balance de consecuencias". Es decir, cada decisión tiene una consecuencia y la persona que la toma es la dueña de esa consecuencia. Por eso, cuando los padres toman ciertas determinaciones para los hijos, ellos, los padres, son los responsables de las consecuencias. Por el contrario, si el niño o el joven las aprende a tomar escalonadamente, va asumiendo la responsabilidad de sus actos y ve los efectos positivos o negativos de ellas.

MI:—Aquí aplica el viejo proverbio chino: es mejor enseñar a pescar que regalar un pescado. Si le doy un pescado, lo estoy volviendo dependiente de mí. Si le enseño a pescar, se volverá una persona autosuficiente.

UN BANCO CON 86.400 DE SALDO

Imagínate que existe un banco que cada mañana acredita en tu cuenta la suma de $86.400 dólares. No arrastra tu saldo día a día: cada noche borra todo lo que no usaste durante el día, cualquiera que sea la cantidad. ¿Qué harías con semejante saldo? ¡Retirar hasta el último centavo, por supuesto!

Cada uno de nosotros tiene acciones en ese banco, su nombre es Tiempo. Cada mañana, este banco te acredita 86.400 segundos. Cada noche este banco borra y da como pérdida toda la cantidad de ese crédito que no hayas invertido en un buen propósito.

Si no usas tus depósitos del día, la pérdida es tuya. No se puede dar marcha atrás ni existe el crédito a cuenta del depósito de mañana. Debes vivir el presente con los depósitos de hoy, invertir de manera que le saques el mayor provecho. El reloj sigue su marcha. Debes conseguir lo máximo en el día.

Para entender el valor de un año, pregúntale a algún estudiante que perdió el curso de estudios. Para entender el valor de un mes, pregúntale a una madre que alumbró a su bebé prematuro. Para entender el valor de una semana, pregúntale al editor de un semanario. Para entender el valor de una hora, pregúntales a los enamorados que esperan encontrarse. Para entender el valor de un minuto, pregúntale a una persona que perdió el tren. Para entender el valor de un segundo, pregúntale a una persona que con una maniobra evitó un accidente. Para entender el valor de una centésima de segundo, pregúntale a la persona que ganó una medalla de oro en las olimpíadas.

Apreciar cada momento que vivas, y apreciarlo más si lo compartiste con alguien especial, es un balance lo suficientemente especial como para recordar que el tiempo no espera por nadie.

Ayer es historia. Mañana es un misterio. Hoy es un obsequio: por eso es que se le llama "presente".

❖❖❖

J:—Este texto, de autor anónimo, no es otra cosa que un llamado a la fragilidad. Si no somos inmortales, cada pedazo de tiempo es valioso y debemos aprovecharlo.

MI:—La mejor manera de saber si estamos usando bien nuestro tiempo presente es preguntándonos: ¿es aquí, con estas personas, o haciendo esto en lo que yo quiero gastar mi tiempo *aquí y ahora*? Con frecuencia la respuesta es un rotundo NO. Pues queda la decisión: ¿Me quedo o me voy? ¿Cómo hago para aprovechar estas circunstancias en mi crecimiento y bienestar? ¿Puedo cambiar estas circunstancias la próxima vez?

J:—Conozco muchas mujeres con un proyecto de vida claro. Las he visto crecer y desarrollarse a favor de sus metas. Noto en ellas un sentido de autorrealización casi envidiable: son activas, alegres, se sienten útiles, buscan recursos, estudian, consultan, se preocupan.

MI:—En mi caso, cuando tenía treinta años tomé un seminario sobre planeación de vida y carrera. Allí se nos ayudaba a conocernos muy profundamente y a partir de ese autoanálisis fijábamos metas sucesivas para cada cinco años. Es impresionante ver ahora todo lo que en esa ruta yo he podido cumplir. En consecuencia, quiero compartir este texto que me parece maravilloso para cerrar esta idea del proyecto de vida:

Una mujer con un proyecto de vida claro no pierde ni mata el tiempo, lo aprovecha al máximo en procura de alcanzar sus metas. Ella sabe que para todo hay una temporada y para cada actividad un tiempo:

Un tiempo para ser agresiva y un tiempo para ser pasiva,
un tiempo para estar juntos y un tiempo para estar sola,
un tiempo para pelear y un tiempo para amar,
un tiempo para llorar y un tiempo para reír,
un tiempo para confrontar y un tiempo para retirarse,
un tiempo para hablar y un tiempo para callar,
un tiempo para apresurarse y un tiempo para esperar. [37]

---

[37] Eclesiastés 3:1-8. Citado por Jongeward y Scott, *op. cit.*, p. 19.

EL LADRÓN DE SUEÑOS

Ante un grupo de niños, un hombre narró la siguiente historia:

Había una vez un muchacho cuyo padre era un entrenador de caballos con pocos recursos para mantener a su familia, y apenas con lo justo para mandar al muchacho a la escuela. Una mañana, en la clase el profesor les pidió a todos alumnos que escribieran la meta soñada cuando fueran adultos.

Esa noche, el joven pobre escribió una composición de siete páginas en la cual describía sus sueños. Los escribió con mucho detalle y hasta dibujó un plano de todo un proyecto: el rancho, las pesebreras, la ganadería, el terreno y la casa en la que quería vivir. En fin, puso todo su corazón en el diseño y al día siguiente lo entregó al profesor.

Dos días más tarde, recibió de vuelta su trabajo, reprobado, y con una nota que decía:

"Venga a verme después de clases". El chico del sueño fue a ver a su profesor y le preguntó:

—¿Por qué me reprobó?

—Es un sueño poco realista para un chico como tú —repuso el profesor—. No tienes recursos y vienes de una familia pobre. Para tener lo que quieres hacen faltan muchas cosas y además mucho dinero. Tienes que comprar el terreno, pagar por los potrillos y los terneros y tendrías muchos gastos de mantenimiento. No lo lograrás de ninguna manera. Si vuelves a hacer el trabajo con objetivos más realistas, reconsideraré tu nota.

El chico volvió a su casa, pensó mucho y le preguntó a su padre lo que debía hacer. Éste le respondió:

—Mira hijo, tienes que decidirlo por ti mismo; al fin de cuentas, creo que es una decisión importante para ti.

Finalmente, y después de reflexionar durante una semana, el chico entregó el mismo trabajo sin hacer cambio alguno. Le dijo al profesor:

—Usted puede quedarse con mi mala nota, que yo me quedaré con mi sueño.

Al concluir su relato, el hombre miró a los niños y les dijo:

—Todo lo que les he contado es mi propia historia. Y miren, aquí están sentados en la casa de mis sueños dentro del rancho que me propuse conseguir porque esa era la meta de mi vida. Aún conservo enmarcada, sobre la chimenea, aquella tarea reprobada por el maestro. Lo mejor de esta historia es que hace dos años, ese mismo profesor trajo a treinta chicos a visitar mi rancho. Al momento de salir, me dijo: "Mira, ahora puedo decírtelo: cuando era tu profesor, era una especie de ladrón de sueños. Durante esos años, se los robé a muchos niños. Por suerte, tuviste la suficiente fortaleza para no abandonar el tuyo".

❖❖❖

MI:—Esta narración me hace recordar un libro[38] en la cual se describen casos de empresarios colombianos quienes, a base de constancia y tesón, consiguieron crear y desarrollar grandes compañías de reconocimiento nacional e inter-

---

[38] Morales, Holman, *A puro pulso*, Intermedio Editores, Bogotá, 2006.

nacional. Todos lo lograron porque tenían un sueño y perseveraron en él. En países como los nuestros, llenos de limitaciones, estos ejemplos son una luz para muchos otros.

J:—Quiero hacer un comentario especialmente para las mujeres: cada vez me sorprendo más del interés de muchas de ellas por mejorar sus competencias, tanto académicas como en oficios y artes. En la mayoría de los ambientes en los que nos movemos hay una mayoría femenina. Eso es excelente pues las cualidades de las mujeres, que ya las hemos exaltado en algunas de estas narraciones, son un aporte imprescindible para las épocas que vienen.

MI:—Ese es un llamado también para los hombres: no se descuiden. Las mujeres esperan de sus compañeros el mismo desarrollo a nivel intelectual, de información, de cultura general y de intereses que ellas están exhibiendo.

J:—Eso me permite hacerte mi lista de cualidades femeninas que, comparadas con las de los hombres, ofrecen una perspectiva distinta: perseverancia, calidez, comunicación, polivalencia, detallismo, coquetería y estética. Claro que cuando están cerca, o tienen poder, esas calidades, en algunas mujeres, tienen una tendencia irrevocable a desteñirse.

EL INVENTARIO DE LAS COSAS PERDIDAS

A mi abuelo lo vi distinto aquel día. Tenía la mirada enfocada en la distancia, casi ausente. Tal vez presentía que era el último día de su vida. Me aproximé y le dije:

—¡Buenos días, abuelo! —él sonrió y me extendió su mano en silencio. Me senté junto a su sillón y después de unos instantes, un tanto misteriosos, exclamó:

—Hoy es día de inventario, hija.

—¿Inventario de qué, abuelo? —pregunté sorprendida.

—El inventario de las cosas perdidas. Siempre tuve deseos de hacer muchas cosas que nunca hice, por no tener la voluntad suficiente para sobreponerme a mi timidez o mi desgano. Por ejemplo, recuerdo aquella chica que amé en silencio por cuatro años, hasta que un día se marchó del pueblo sin yo saberlo. También estuve a punto de estudiar ingeniería, pero no me atreví. No olvido aquellos momentos en que le hice daño a otros por no tener el valor para decir lo que pensaba o para perdonar. Otras veces en que me faltó entereza para ser leal. Y le he dicho muy pocas veces a tu abuela que la quiero con locura. Tantas cosas no concluidas, hija, tantos amores no declarados, tantas oportunidades perdidas.

Luego, su mirada se hundió aún más en el vacío, me pareció que se le humedecieron sus ojos, y terminó diciendo:

—Esta es la revisión de mi vida, es decir, el inventario de las cosas perdidas. A mi ya no me sirve, a ti sí. Te dejo este ejercicio como regalo para que puedas hacerlo a tiempo.

Al día siguiente regresé temprano a casa después del entierro del abuelo, para hacer con calma mi propio inventario de las cosas no dichas, de los afectos no manifestados y las metas por cumplir.

❖❖❖

J:—El balance de lo que uno deja de hacer, pudiendo hacerlo, es muy impresionante, sobre todo porque son muchas las oportunidades que pasaron frente a nuestros ojos. Cuando uno las aprecia en la edad madura, se pueden sentir algunas añoranzas.

MI:—Pero no siempre las oportunidades que estuvieron al frente nuestro las pudimos aprovechar. Por razones de tipo económico, de relaciones, de salud, familiares, las tuvimos que dejar ir. Muchas de ellas caen en el campo de la decepción, y de allí que la tolerancia a la frustración sea una de las fortalezas de la personalidad.

J:—Uniendo ambas ideas, en estos últimos años he aprendido algo importante que se conoce como *sincronicidad*[39]. Son aquellas coincidencias que se dan en nuestras vidas con los acontecimientos y en especial con las personas: ellas pasan como un tren al frente nuestro y nuestra perspicacia consiste en identificarlas y subirnos al vagón con ellas pues un tren pasa y no regresa.

MI:—En efecto, otros autores lo llaman *sincrodestino*[40], que tiene que ver con la filosofía de que

---

[39] Término acuñado por el psiquiatra suizo C. G. Jung, quien lo concibió para describir la singular ocurrencia de dos o más acontecimientos de igual o similar significación, sin conexión causal posible. http://www.alcione.cl/nuevo/index.php?object_id=248.

[40] Chopra, Deepak, *Sincrodestino*, 2003.

todo está entrelazado en el universo. La alegoría corriente que se presenta es la de si mariposa bate sus alas en Tokio, produce una tormenta tropical en el Caribe.

DISFRUTEN SU CAFÉ

Un grupo de mujeres profesionales, todas triunfadoras en sus respectivas carreras y empresas, se reunieron para visitar a un antiguo profesor que admiraban.

Muy pronto la charla se orientó en torno al interminable estrés que les producía el trabajo y la vida en general. El profesor les ofreció café, y todas lo aceptaron con entusiasmo. El hombre se fue a la cocina y pronto regresó con una cafetera grande y una selección de tazas diferentes: de porcelana fina y barata, de plástico, de vidrio, de cristal; unas tazas sencillas y de ganga; otras decoradas; unas costosas y elegantes, y otras realmente sofisticadas.

Enseguida les dijo que escogieran una taza y cada una se sirviera del café recién preparado. Cuando todas lo hicieron, el viejo maestro aclaró la garganta y con mucha calma y paciencia se dirigió al grupo:

—No sé si habrán notado que las tazas más bonitas fueron escogidas primero, y que en cambio muy pocas de las más sencillas y baratas fueron elegidas. Ello es natural, ya que cada quien prefiere lo mejor para sí mismo. Pero esa es realmente la causa de muchos de sus problemas relativos al estrés. Les puedo asegurar que el color, el tamaño o la decoración de cada taza no le añadieron nada a la calidad al café. En realidad, la taza solamente disfraza o reviste lo que bebemos. Lo que ustedes querían era el café, no la taza, pero instintivamente buscaron las mejores. Después ustedes se pusieron a mirar las tazas de las demás.

Las miró, sonriendo, para observar la reacción de sus ex alumnas, y dijo:

—Ahora piensen por un momento que la vida es el café. Los trabajos, el dinero, la posición social, el poder, son meras tazas que le dan forma y soporte a la vida; el tipo de taza que tengamos, no define ni cambia realmente la calidad de vida que llevemos.

Finalmente, poniendo las manos en forma de cuenco, como para indicar la forma de una taza, el profesor remató:

—No obstante, muy a menudo nos concen-
trarnos tanto en la taza que dejamos de disfrutar el verdadero aroma del café. En otras palabras, la gente más feliz no es la que tiene lo
mejor de todo, sino la que hace lo mejor con
lo que tiene.

❖❖❖

MI:—Esta historia es muy reveladora de la manera
como la gente suele olvidar que lo importante
no son las cosas, y que las cosas separan a las
personas, como tú lo dices siempre.

J:—Sí, las personas suelen pelear más por fincas,
casas, haciendas, joyas, autos y acciones y se olvidan de lo esencial que son las relaciones entre
ellas. Esas cosas pueden tenerse, pero cuando
constituyen el centro de los intereses de una pareja o de una familia, lo más probable es que todos
los problemas surjan de ahí. Es lamentable ver
el espectáculo de un divorcio o de una sucesión:
¡todo se reduce a quién se queda con qué!

MI:—Como lo demuestra la historia, la taza es
una cosa que se llena de café. Muchas personas,
por aparentar, eligen las tazas más decorativas;
otras, más codiciosas, prefieren las tazas más
grandes; sólo muy pocos se preocupan por el

sabor y la fragancia de lo que van a beber. Cuando de vivir por apariencias se trata, se pueden hacer competencias mundiales entre los exhibicionistas de tazas que lo único que pueden mostrar son sus anodinas vidas.

J:—He oído de millonarios que viven modestamente, sin importarles el qué dirán, como dicen de Warren Buffet. Creo que, de alguna manera, ellos son felices… Aunque cuidar su dinero debe producirles alguna clase de desasosiego.

MI:—¿Recuerdas la frase que se le atribuye a Cristina Onassis, considerada en su momento la heredera más rica del mundo? Ella dijo: "Soy tan pobre, que lo único que tengo es dinero".

LA CULPA ES DE LA VACA[41]

Se estaba promoviendo la exportación de artículos colombianos de cuero a Estados Unidos, y un investigador de la firma Monitor decidió entrevistar a los representantes de dos mil almacenes en Colombia. La conclusión de la encuesta fue determinante: los precios de tales productos son altos, y la calidad muy baja.

El investigador se dirigió entonces a los fabricantes para preguntarles sobre esta conclusión. Recibió esta respuesta: no es culpa nuestra; las curtiembres tienen una tarifa arancelaria de protección de quince por cien-

---

[41] Michael Fairbanks, "Cultural Matters: How Values Shape Human Progress", en Lawrence E. Harrison y Samuel P. Huntington (eds.), *Changing the Mind of a Nation. Elements in a Process for Creating Prosperity*, Basic Books, Nueva York, 2000, pp. 268-281. Contribución personal de Fernando Cepeda Ulloa.

to para impedir la entrada de cueros argentinos.

A continuación, le preguntó a los propietarios de las curtiembres, y ellos contestaron: no es culpa nuestra; el problema radica en los mataderos, porque sacan cueros de mala calidad. Como la venta de carne les reporta mayores ganancias con menor esfuerzo, los cueros les importan muy poco.

Entonces el investigador, armado de toda su paciencia, se fue a un matadero. Allí le dijeron: no es culpa nuestra; el problema es que los ganaderos gastan muy poco en venenos contra las garrapatas y además marcan por todas partes a las reses para evitar que se las roben, prácticas que destruyen los cueros.

Finalmente, el investigador decidió visitar a los ganaderos. Ellos también dijeron: no es culpa nuestra; esas estúpidas vacas se restriegan contra los alambres de púas para aliviarse de las picaduras.

La conclusión del consultor extranjero fue muy simple: los productores colombianos de carteras de cuero no pueden competir en el mercado de Estados Unidos "¡porque sus vacas son estúpidas!"

❖❖❖

Este texto, cuyo resumen fue publicado originalmente por el profesor Fernando Cepeda en su columna habitual de *El Tiempo*, es una excelente demostración de una conducta muy nuestra relacionada con la ramificación de la culpa.

BIBLIOGRAFÍA

ADAMS, Linda, *F.E.T., Femineidad eficaz y técnicamente preparada*, Editorial Diana, Mexico, 1981.

BERNE, Eric, *¿Qué dice usted después de decir hola?*, Ediciones Grijalbo, Barcelona, 1974.

BROWN, H. Jackson Jr., *Life's Litlle Instruction Book*. www.21suggestions.com/

CHOPRA, Deepak, *Sincro-destino*, Alamah, México, 2003.

COVEY R., Stephen, *Los 7 Hábitos de las familias altamente efectivas*, Random House, Bogotá, 2007.

CSIKSZENTMIHALYI, Mihaly, *Fluir (Flow)*, Editorial Kairos, Barcelona, 1990.

_____, *Fluir en los negocios*, Editorial Kairos, Barcelona, 2003.

DAVISON, Jeff, *Asertividad*, Prentice-Hall, Mexico, 1999.

DUBY, Georges; PERROT, Michele, *Historia de las mujeres, siglo XX*, Taurus, Bogotá, 1993.

GIKOVATE, Flavio, *Sawabona*, institute@flaviogiko-vate.com.br

GOLEMAN, Daniel, *La inteligencia emocional*, Javier Vergara Editor, Buenos Aires, 1996.

JONGEWARD, Dorothy; SCOTT, Dru, *Mujer triunfadora*, Fondo Educativo Interamericano, Mexico, 1979.

LOPERA, Jaime; BERNAL, Marta, *La culpa es de la vaca segunda parte*, Intermedio Editores, 2007.

_____, *La carta a García y otras parábolas del éxito*, Intermedio Editores, Bogotá, 2000.

MAXWELL, John C., *Desarrolle el líder que está en usted*, Editorial Caribe, Nashville, 1996.

O'NEILL, Nena & George, *Matrimonio abierto*, Ediciones Grijalbo, Barcelona, 1974.

O'NEILL, Nena, *La premisa matrimonial*, Ediciones Grijalbo, Barcelona, 1980.

SARGENT, Alice, *La gerencia andrógina*, Editorial Norma, Bogotá, 1985.

SIMON, Pierre; ALBERT, Lucien, *Las relaciones interpersonales*, Herder, Barcelona, 1979.

TORO ÁLVAREZ, Fernando, *Motivos, intereses y preferencias de empleados y gerentes*, Cincel, Medellín, 1966.